XXV

(suite)

Pendant que ces choses se passaient dans l'avenue principale du bois, deux personnages, mêlés jusque-là au groupe des gentilshommes de la vénerie, s'informèrent de la direction qu'il fallait suivre pour gagner le carrefour

du Pecq. Ils disparurent ensuite l'un après l'autre et se rejoignirent au milieu d'un taillis de jeune chênes.

— Vous êtes bien décidé, vicomte, à me servir de second ? dit l'un d'eux.

— Sans doute, ne vous l'ai-je pas offert, répondit l'autre, et m'avez-vous jamais connu deux paroles ?

— Diable ! quel ton brusque ! Ce n'est pas avec moi pourtant que vous allez vous battre. Tenez, mon cher, vous avez du chagrin; depuis un mois on ne vous reconnaît plus.

— C'est possible. Mais pressons la marche,

et ne nous laissons point devancer par nos adversaires.

— Oh ! soyez tranquille, Montespan n'arrivera pas le premier.

— Vous rappelez-vous les indications qu'on nous a données sur notre route ?

— Vraiment oui, nous ne risquons nullement de nous perdre. Il s'agit de suivre ce sentier jusqu'au bout, de prendre l'avenue à gauche et d'aller droit devant nous jusqu'au carrefour. Là, vous le savez, est une pelouse magnifique, sur laquelle nous pouvons nous escrimer à notre aise, et sans être dérangés le moins du monde : la chasse a lieu de l'autre côté de la forêt.

L'un de nos personnages, on l'a deviné déjà, est le vicomte Morcerf.

Quant à l'autre, c'est un homme approchant de la trentaine, d'une physionomie très-ouverte, ayant le geste décidé, le regard vif et des allures martiales très-peu en rapport avec son costume.

— Il porte l'habit noir et le petit collet.

Nous trouvons en lui un de ces abbés si communs alors, qui n'étaient en aucune façon dans les ordres et ne manifestaient pas la moindre envie d'y entrer.

Cadet de famille et parent du malheureux Cinq-Mars, dont la fin tragique avait effrayé

son enfance, l'abbé d'Effiat possédait pour toute fortune un bénéfice assez médiocre en Auvergne. Il réussissait néanmoins à faire bonne figure à la cour, tantôt avec l'argent qu'il empruntait à ses amis, tantôt avec les sommes qu'il gagnait au jeu.

Morcerf lui avait plus d'une fois ouvert sa bourse?

L'abbé lui en gardait beaucoup de reconnaissance et songeait, en ce moment même, à lui donner une garantie, dont le vicomte pût faire usage, au cas où l'épée de Montespan le coucherait, lui d'Effiat, sur la poussière.

— Eh! marchez donc! cria Morcerf, le voyant s'arrêter et tirer des tablettes.

— Ne vous dois-je pas deux cents louis, cher vicomte? Je tiens à vous rédiger ici deux lignes de testament et à vous instituer légataire de ma petite maison de l'Arsenal. Vous n'aurez, pour en devenir légitime possesseur, qu'un millier d'écus à rendre à Semeterre, à Clérambault et à Villars, qui ont bien voulu comme vous...

— Au diable! De quoi vous occupez-vous là? dit Morcerf. Je vous fais cadeau de mes deux cents louis.

— Mais, vicomte...

— Plus de retard, vous dis-je! Il ne faut pas que ce gredin de Montespan puisse vous adresser un reproche. Soyez tranquille, du reste : Dieu ne permettra pas qu'un loyal garçon comme vous soit tué par un tel misérable.

— Ah! parbleu, s'écria l'abbé, j'en accepte l'augure! Vous croyez donc que je n'ai pas eu tort de l'apostropher de la sorte?

— Non, certes.

— Montespan, reprit d'Effiat, joint à toutes ses ignominies celle de tricher au jeu. Hier, sur un coup de cartes parfaitement invraisemblable, il m'a dépouillé de quarante louis qui me restaient en poche, et ma foi, ce matin,

j'ai eu la démangeaison de langue que vous savez.

— Oui, dit Morcerf. Mon seul regret, en ce moment, est d'avoir laissé partir un autre infâme...

— Je devine, vous parlez de Courcelles. Est-il vrai que ce soit lui qui vous ait brouillé avec Louvois ?

— Lui-même. Il est allé raconter au ministre toute une conversation que nous avions eue ensemble, le soir de son mariage, et dans laquelle je n'avais qu'un but, celui de sauver une malheureuse femme... Bah! cette histoire serait trop longue.

— Pourquoi cela, vicomte? Nous avons encore une demi-heure de marche; autant ce sujet là qu'un autre.

— Eh bien, mon cher abbé, Courcelles et votre ignoble gascon se sont rendus coupables du même crime : l'un couvre de son complaisant manteau les amours du roi; l'autre cède la place au ministre et se résigne à boire à longs traits la honte.

— Voyez-vous cela? M. de Louvois tranche du Louis XIV; quel aplomb! fit l'abbé, partant d'un éclat de rire. Toujours, en ce monde, les valets singent leurs maîtres.

— Principalement, dit Morcerf, quand il

s'agit d'un vice ou d'une lâcheté. Mais ne riez pas, je vous en conjure ! Il y a dans tout ceci, voyez-vous, un abîme de désespoir pour un malheureux, enfermé à la Bastille par ordre du roi, et dont je m'efforce en vain de briser la chaîne.

Il raconta brièvement l'amour de François Du Boulay pour Sidonia, les intrigues de la princesse et d'Olympe, puis les efforts qu'il avait tentés pour empêcher un odieux mariage de s'accomplir.

— J'avais réussi, continua-t-il, non-seulement à rendre impossible un rapprochement entre l'épouse et l'époux, mais encore à faire rompre par Courcelles lui-même le traité

monstrueux dont le ministre et lui avaient arrêté les clauses. Malheureusement, le premier de ces succès empêcha le second d'être durable. Repoussé par sa jeune femme, à laquelle il inspirait un profond dégoût, l'ivrogne alla faire à son noble protecteur la soumission la plus complète, lui avoua tous les conseils qu'il avait reçus de moi, et partit pour la Flandre, après avoir extorqué à sa victime une signature, au moyen de laquelle il peut disposer d'un tiers de la dot.

— Je comprends, dit l'abbé. La rancune du ministre doit être terrible.

— Oui, c'est entre nous une guerre à mort. Il m'a fait venir, et je lui ai jeté à la face mon

opinion sur ses lâches manœuvres. — « Réfléchissez, m'a-t-il dit, me braver serait dangereux ; votre avenir militaire est entre mes mains. » Je lui ai signé, pour toute réponse, ma démission d'officier dans les gardes.

— Mais il peut vous faire arrêter?

— Il n'ose pas. Ma famille est puissante. J'ai eu soin, comme vous pouvez le croire, d'expliquer à tous les miens le motif de la querelle. Louvois pressent que mon arrestation causerait trop d'esclandre ; il borne sa vengeance à entraver les démarches faites auprès du roi pour obtenir la liberté de mon ami. Ce manège lui coûte cher ; car, de mon côté, je réduis à néant toutes ses tentatives pour approcher de la marquise de Courcelles.

— Ah! pardieu, bien joué! s'écria d'Efflat.

— Nous verrons, dit Morcerf, celui de nous qui se fatiguera le premier.

— Ce sera le ministre, vous pouvez en être sûr.

— Je l'espère bien ainsi. En attendant, j'ai eu soin de faire prévenir la jeune femme des honorables projets formés sur elle. Sans doute il y a beaucoup de coquetterie dans sa nature ; je dirai même, sans craindre de me tromper, qu'elle manque de cœur : toutefois, jusqu'à ce jour, la haine triomphe à défaut de l'honnêteté. Madame de Courcelles est en défiance absolue. Je fais surveiller chaque sortie de

Louvois ; mes espions, aussi largement payés que les siens, le devinent sous chaque déguisement qu'il juge convenable de prendre. Toujours un message le précède, annonce ses ruses et l'empêche de pénétrer à l'hôtel de Lenoncourt.

— Hein, fit d'Effiat, l'hôtel de Lenoncourt ? Mais alors la femme de Courcelles est ma voisine, et ceci m'explique une anecdote à laquelle je refusais de croire. Hier, on a rencontré Louvois déguisé en laquais, aux environs de l'arsenal.

— C'est exact, répondit Morcerf. Il est parvenu à faire entrer chez la jeune marquise, en qualité de domestique, un certain Langlés,

intrigant de bas étage, qui inventa ce bel expédient de couvrir de sa livrée les épaules de monseigneur. Mais la maîtresse du logis était prévenue : le faux laquais resta jusqu'à minuit, par une pluie battante, à se morfondre devant la porte qu'on avait défendu de lui ouvrir.

— Merveilleux ! merveilleux ! dit l'abbé. Sur mon âme, cher vicomte, vous pourrez, quand il vous plaira, donner au lieutenant de police des leçons d'habileté.

— Notre ennemi est donc aux abois, reprit Morcerf. En désespoir de cause, il a écrit au fond du Dauphiné à une parente de madame de Courcelles, la baronne de Champlais. Cette

baronne est arrivée depuis cinq jours ; elle fait la chatemitte auprès de sa cousine, la cajole du matin au soir, jette de temps à autre dans l'entretien le nom du ministre, parle de sa générosité, de sa puissance, de l'honneur inappréciable qui réjaillirait sur une femme, le jour où elle serait assez heureuse pour être distinguée par lui...

— Peste ! quelle récompense aura madame de Champlais pour si bien jouer le rôle de satan ?

— Louvois lui a promis le brevet de duchesse et le tabouret. Mais j'ai eu soin d'expédier au plus vite un message, pour soulever aux yeux de la marquise le voile qui lui ca-

chait cette nouvelle et dangereuse machination. La baronne a vainement essayé d'entraîner sa cousine à une maison de campagne, où Louvois serait arrivé après elles. Monseigneur est aujourd'hui à Saint-Germain parce que ce plan n'a pu réussir. Tandis que les gens à ma solde restent en observation à Paris, moi j'accompagne la cour ; je profite de toutes les occasions de faire jeter un mot à l'oreille de Louis XIV en faveur de Du Boulay. Enfin, puisque j'en suis venu, mon cher abbé, à vous prendre pour confident, je vous annonce que je compte sur votre duel pour obtenir la grâce de mon ami.

— Est-ce possible? cria d'Effiat ; serais-je assez heureux pour vous être utile?

— Je ne voulais rien vous avouer d'abord; mais, réflexion faite, il vaut mieux être de connivence. Tous les moyens sont bons, quand il s'agit d'arracher à la Bastille un homme qui finirait par y mourir.

— Oui, corbleu ! dit l'abbé.

— Louvois met obstacle à l'accomplissement de mon vœu le plus cher, il s'agit de recourir à une puissance supérieure à celle de Louvois.

— Quelle puissance? demanda d'Effiat.

— Celle de la favorite.

— Bon! lorsque nous allons nous battre contre Montespan lui-même...

— Croyez-vous, dit Morcerf, qu'elle tienne à l'existence de son digne époux? Mais nous approchons du carrefour, écoutez-moi sans m'interrompre.

— J'écoute, mon cher vicomte.

— Si vous l'ignorez, je vous l'apprends, ma force à l'épée est telle, qu'il me faut dix secondes au plus pour venir à bout du plus terrible adversaire.

— Diable!

— C'est comme je vous l'affirme. En vous

proposant de vous servir de second, j'avais un plan très-simple : débarrassé de mon homme en un clin d'œil, j'aurais été là, prêt à vous remplacer, dans le cas où le marquis eût été vainqueur, ou à écarter votre épée de sa poitrine, si je vous eusse vu lui porter quelque botte dangereuse, — car je veux le réduire à nous demander la vie et à recevoir nos conditions. Commencez-vous à comprendre ?

— Oui sans doute, murmura d'Effiat. Mais quelle influence un pareil être peut-il avoir sur sa femme et sur Louis XIV ?

— Une influence très-grande, celle du scandale.

— Croyez-vous ?

— J'en suis certain. Quelques minutes après votre sortie contre Montespan, j'ai fait endoctriner le maroufle par sept à huit gentilshommes. — « Si vous tenez, lui a-t-on dit, à ne pas recevoir à chaque minute un affront semblable, prouvez que vous n'êtes pas complice de votre femme et reprochez-lui publiquement ses torts. » Il hésitait; mais Clérambault, dont vous parliez tout à l'heure, fut plus adroit que les autres et lui dit à voix basse : — « Avec une petite scène chaque jour, vous obtiendrez tout ce qu'il vous plaira d'obtenir. » — « Parbleu! vous avez raison! » cria le marquis, et il courut insulter dans son carrosse la charmante Athénaïs.

— Ah! parfait! bravo! cria d'Effiat, qui battit des mains avec enthousiasme.

— Pensez-vous, mon cher abbé, que le roi refuse n'importe quelle grâce, s'il voit au bout le départ de ce hideux chenapan ?

— Non, certes ! Recevez mes félicitations, vicomte. Vous avez du génie.

— A présent, convenons de nos faits et gestes, dit Morcerf. Je suis assez sûr de ma main pour ne blesser que légèrement le second du marquis, et je cours ensuite à votre aide. Vous aurez eu soin de rompre dès la première passe, afin de ne pas vous exposer vous-même, puisqu'il est décidé que nous ménagerons nos adversaires. A mon approche, vous portez la main sur votre poitrine et vous poussez un cri...

— Comme si je venais de recevoir une blessure, fort bien, dit l'abbé.

— Je me précipite, je croise le fer avec Montespan. Du premier choc il est désarmé; je le terrasse, je lui pose mon épée sous la gorge, et... Mais nous voici au lieu du rendez-vous, tout à l'heure vous me verrez à l'œuvre.

Ils débouchaient, en ce moment, sur une large pelouse circulaire, à laquelle aboutissaient trois avenues entièrement désertes.

— Que vous disais-je? nous sommes les premiers, vicomte.

— Est-ce que le lâche ne viendrait pas? gronda Morcerf entre ses dents.

Comme il achevait ces mots, deux hommes débusquèrent d'un fourré voisin.

— A nous, messieurs, à nous! cria d'Effiat. Dépêchons! Encore un peu, vous nous faisiez attendre.

M. le marquis de Montespan les aborda.

Il était livide.

On reconnaissait au premier coup d'œil qu'il ne devait pas avoir acquis une brillante renommée de courage. Cependant, excité par son compagnon, il réussit à faire assez bonne contenance et se mit en garde.

Les quatre épées se croisèrent.

Morcerf ne s'était pas vanté, tout se passa comme il l'avait prédit.

En moins de temps qu'il n'en faut pour raconter ce duel, un homme tomba saignant sur la pelouse. D'Effiat poussa le cri convenu, et le marquis se trouva brusquement en face du vicomte, qui fit sauter à vingt pas de distance l'arme de son faible adversaire, le coucha sur l'herbe et lui mit un genoux sur la poitrine.

— Jure de m'obéir, cria Morcerf, ou tu es mort!

— Je le jure... Qu'exigez-vous? balbutia l'époux d'Athénaïs.

— Tu vas aller trouver ta femme.

— J'irai.

— Tu lui promettras de partir, ce soir même, pour la Gascogne, si elle obtient du roi la grâce de François Du Boulay, retenu dans un cachot de la Bastille. A cette condition je te laisse la vie. Te reste-t-il assez d'honneur pour tenir un serment ?

— Je le tiendrai.

— En ce cas, relève-toi. Je vais t'accompagner au château. Nous enverrons du secours aux blessés, puis tu iras sur-le-champ faire signer l'ordre de délivrance. Malheur à toi si

tu ne me l'apportes pas! Je saurai te retrouver partout, quand même tu réussirais à te cacher au fond des entrailles du globe.

XXVI

Louis XIV était rentré de la chasse.

Un courrier venait d'apporter de Paris plusieurs ordonnances, que le ministre, assis à gauche du roi, présentait tour-à-tour à sa si-

gnature. Au moment où le monarque allait signer la dernière, des pas légers se firent entendre ; une robe de satin frôla son fauteuil, et un bras mignon s'appuya sans façon sur son épaule.

— Quoi ! c'est vous, Athénaïs ? murmura-t-il.

— Ne quittez pas la plume, sire ; j'ai besoin de votre seing royal au bas de trois ou quatre lignes, que je vous demande humblement la permission de vous dicter, répondit la favorite avec le plus gracieux de ses sourires.

— Daignez vous asseoir, madame, dit Lou-

vois, se levant aussitôt pour lui offrir son propre siège.

— Voyons, de quoi s'agit-il? Parlez, Athénaïs, fit le roi, qui porta galamment une des mains de la marquise à ses lèvres.

— Écrivez, sire ; je dicte, répondit-elle.

— Très-volontiers, charmante.

Il prit une feuille de parchemin sur le bureau.

— Tout ce qui m'entoure doit obéir, ajouta-t-il ; vous seule avez le droit de commander.

Athénaïs se pencha vers lui, avec les ondu-

lations voluptueuses d'une chatte qu'on caresse, et dicta ce qui suit :

« Ordre au gouverneur de notre château de
« la Bastille de relâcher immédiatement le
« prisonnier François Du Boulay... »

— Qu'est-ce à dire? cria Louis XIV, jetant la plume : vous aussi!... Mais c'est un véritable complot! D'où vient, s'il vous plaît, madame, que vous portiez intérêt à cet homme?

— Je ne le connais même pas, sire.

— Alors, pourquoi vous occupez-vous de sa mise en liberté?

— Ceci est au moins étrange, hasarda Louvois.

— Eh! qui vous parle, monseigneur, dit Athénaïs, le regardant par-dessus l'épaule.

— Permettez, ma chère, permettez! fit le monarque : Louvois a raison. Daignez vous souvenir de nos rendez-vous si brusquement interrompus, grâce à la folle tentative...

— Oh! pas un mot de plus! s'écria la favorite. Voulez-vous que Montespan parte pour la Gascogne, sire, oui ou non?

— Mais quel rapport...

— Je n'en sais rien, dit-elle avec impatience.

— Du moins, expliquez-nous...

— Je n'ai rien à expliquer, si ce n'est que le marquis met cette condition à son départ.

— Votre avis là-dessus, monsieur? dit Louis XIV, regardant le ministre debout derrière son fauteuil.

— Eh! répondit Louvois, c'est toujours la même trame, sire ; j'en reconnais les fils et je trouverai, si bon me semble, la main qui les dirige. Il serait impolitique, j'ai déjà eu l'honneur de le dire à Votre Majesté, de céder à des instances organisées en quelque sorte

pour vous forcer la main. Que demande madame de Montespan, que son époux la délivre de sa présence ; eh bien, moi, je me charge de le faire partir.

— Quand cela, monseigneur ? demanda l'ancienne fille de la reine.

— Sur-le-champ.

— Vous ne réussirez pas, je vous le jure.

— Me permettrez-vous au moins d'essayer, madame ?

— Allons, dit Louis XIV, soyez raisonnable, ma chère.

— Où trouverai-je Montespan, madame ? demanda le ministre.

— Chez moi, répondit Athénaïs. Je me suis hâtée de le laisser seul et de venir raconter au roi ses exigences.

Louvois prit le chemin de l'appartement de la favorite.

Il n'eut aucune peine à obtenir de Montespan l'aveu détaillé de la scène du carrefour.

— C'est bien cela, pensa le ministre : j'avais parfaitement deviné l'auteur de cette manœuvre. Où vous attend M. de Morcerf? ajouta-t-il à haute voix.

— Ici près, dans l'antichambre.

— Et vous pensez qu'il attendra jusqu'à votre retour?

— Oui, monseigneur.

— Bravo! dit le ministre. Il aura tout le loisir d'exercer sa patience. Venez.

Il entraîna Montespan, le laissa deux minutes à la porte du roi, donna quelques explications rapides à Louis XIV et à la favorite, puis ressortit avec un parchemin qui n'était pas celui sur lequel le monarque avait commencé d'écrire.

— Monsieur, dit Louvois au Gascon, nous

allons monter en carrosse et retourner ensemble à Paris.

— Mais le vicomte me tuera, cadédis!

— Vous êtes fou.

— Non vraiment, il est homme à le faire comme il le promet.

— Un moyen sûr de lui échapper, dit Louvois, est de prendre la route de Gascogne avec une escorte de six mousquetaires, qui vous mettront à l'abri des entreprises de M. de Morcerf et vous protégeront, en outre, contre les voleurs de grand chemin, car voici l'ordre au surintendant des finances de vous compter

les cinquante mille écus promis, monsieur. Je vous prêterai un de mes équipages, et vous emporterez cette somme avec vous.

— Est-ce possible? dit Montespan, dont l'œil étincela d'avidité.

— Vous ne mettrez pas en doute, j'imagine, la parole d'un ministre.

— Non, monseigneur.

— Suivez-moi donc.

Louvois fit descendre le marquis par un escalier dérobé. Bientôt ils furent dans la cour d'honneur, où les attendait une voiture

attelée de quatre alezans vigoureux. Ils y montèrent ensemble; le cocher fouetta son impatient attelage, et le carrosse partit.

Morcerf, assis dans l'antichambre, attendait toujours.

Le lecteur voudra bien nous permettre de voyager plus rapidement que M. de Louvois et l'époux d'Athénaïs. Nous arrivons à Paris avant eux; nous suivons la Seine, depuis le jardin des Tuileries jusqu'au quai Saint-Paul, et nous ouvrons à deux battants la porte d'une grille gigantesque, sans que le suisse, assis tranquillement dans un pavillon voisin, vienne se jeter à notre rencontre et nous défendre le passage.

Après avoir traversé une vaste cour, dont les dalles, entre leurs jointures, laissent pointer çà et là des touffes d'herbe, preuve certaine que le vieil hôtel où nous pénétrons est resté longtemps inhabité, nous franchissons un vestibule immense et nous montons l'escalier qui conduit au premier étage.

Là se trouvent de larges portes matelassées, indiquant l'appartement des maîtres.

Néanmoins, comme Rosine, notre ancienne connaissance de l'hôtel de Soissons, vient de sortir par l'une de ces portes et gagne lestement l'étage au-dessus, nous suivrons Rosine, et nous entrerons avec elle dans sa chambre, où l'attend un gros laquais aux jambes torses, au nez rouge, à la face commune, dont le re-

gard louche trahit cette finesse de mauvais aloi que le séjour des grandes cités donne à la valetaille.

— Monsieur Langlée, dit la femme de chambre, ce n'est pas un rendez-vous au moins que je vous accorde?

— Non, ma belle, non; je me reconnais indigne d'une pareille faveur. Ici, nous sommes plus à l'aise pour causer d'affaires. Aucune oreille indiscrète ne peut nous entendre, et voici d'abord les vingt-cinq louis que je suis chargé de vous remettre pour avoir empêché madame de me renvoyer.

— Le ministre, dit Rosine, a des procédés d'une délicatesse...

Elle prit l'argent et l'enfouit dans la poche de sa robe.

— Vous avez toute la confiance de la jeune marquise? demanda son interlocuteur.

— Hélas! oui, monsieur Langlée. Je ne la mérite guère.

— N'ayez point de scrupule; ne travaillons-nous pas dans son intérêt? Voici, mademoiselle, vingt-cinq autres louis pour avoir fait connaître au ministre le nom de celui qui envoie chaque jour ces dénonciations mystérieuses.

— Ah! ma foi, s'écria la soubrette en riant,

j'ignore si vous n'êtes pas le diable en personne ; mais n'importe, je vous vends mon âme, puisque vous la payez si bien.

— Vous avez appris peut-être quelque chose de nouveau ?

— Chut !... parlons bas, fit Rosine ; je crains que les murailles elles-mêmes ne nous entendent. Si vous saviez quelle peine j'ai eue à devenir la confidente de madame : il a fallu pleurer avec elle et lui dire pis que pendre de mes anciennes maîtresses. Enfin j'ai réussi à lui faire accepter mes services et à l'accompagner dans cette abominable demeure, où je ne vois personne, où l'ennui me ronge ; mais je touche doubles gages, sans compter les

gratifications de M. de Louvois, et je me console.

— Voilà, mademoiselle, un raisonnement d'une sagesse extrême.

— Je me doutais, ajouta Rosine, qu'on me cachait quelque mystère. On ne repousse pas les offres d'un ministre, d'un homme qui tient en main le pouvoir, si, d'un autre côté, l'on n'a pas une affection de cœur.

— Bien dit. Ça, voyons, qu'avez-vous découvert?

— Madame de Courcelles est amoureuse du duc de Villeroi.

— C'est impossible! murmura Langlée pâlissant.

— Rien de plus exact, je vous l'affirme.

— Alors nous sommes perdus.

— Pourquoi? demanda la femme de chambre.

— Les explications seraient trop longues ; dites-moi d'abord ce que vous savez.

— Ce matin, en coiffant ma maîtresse, reprit Rosine, je lui trouvais un air joyeux qui n'est pas dans ses habitudes. Elle tenait à la main un billet parfumé, qu'elle approchait de

ses lèvres; puis elle me regardait, de temps à autre, avec incertitude, comme si elle eût hésité à me faire une confidence. Enfin elle me dit : — « Rosine, ma bonne Rosine, tu ne voudrais jamais me trahir, n'est-ce pas? » J'ai eu l'indignité de lui répondre que non.

— Mon Dieu, mademoiselle, il faut gagner l'or de mon maître! dit Langlée avec un léger ton d'impatience. Ensuite?

— Alors elle m'a tout appris. Le lendemain de son mariage, elle a donné à vendre un collier de pierres fines, de la valeur de quinze mille écus, au maître d'hôtel de sa marraine, et l'on a fait partir sur l'heure un courrier pour le Palatinat. Ce courrier portait à M. de Ville-

roi un billet très-court, mais en même temps très-significatif, et contenant ces mots :

« Je n'ai plus d'espoir qu'en vous, venez me sauver ! »

Sidonia.

— D'aujourd'hui seulement vous êtes instruite de ces détails ? demanda Langlée, dont l'ignoble et basse physionomie trahissait une inquiétude voisine de l'effroi.

Il avait, comme on le pense, des gratifications bien supérieures à celles de la soubrette, et il tremblait en se voyant à la veille de les perdre.

— Oui, répondit Rosine, d'aujourd'hui seulement.

— Et de qui les tenez-vous ?

— De ma maîtresse elle-même. Le duc est revenu depuis hier, et déjà la correspondance est organisée, déjà des rendez-vous se donnent. Ce matin, ils se sont vus à la messe à Notre-Dame ; ce soir, au Cours-la-Reine, M. de Villeroi a passé près de la marquise : ils ont trouvé moyen de convenir d'un nouveau rendez-vous, sans que la baronne de Champlais, qui était dans le carrossse, ait deviné la moindre chose, et demain nos amoureux se rencontreront sous les quinconces du jardin de l'Arsenal.

— Nous sommes perdus ! répéta l'âme damnée de M. de Louvois, en laissant tomber ses bras avec accablement.

— Là ! là ! pourquoi nous désespérer, dit Rosine : ne suis-je pas dans le secret de madame ? Tout ce qu'elle fera, vous le saurez ; tout ce qu'elle me communiquera, je vous le répèterai.

— Corbleu, ma chère, vous me la donnez belle avec vos histoires ! Pensez-vous que j'aille dire au ministre : « Vous avez un rival et un rival heureux ; ce que vous ambitionnez, un autre l'obtient. Achevez de prodiguer l'or pour apprendre qu'on vous déteste. Nous vous avons parfaitement servi, monseigneur, et vous devez être content ! »

— Mais si nous empêchons le duc de réussir?

— Sans doute, voilà ce qu'il faudrait..... Oh! quelle idée! c'est cela même, ajouta tout à coup Langlée, tressaillant de joie : madame de Courcelles expédie des courriers dans le Palatinat, qui nous empêche d'en expédier à notre tour en Flandre?

— A son mari.

— Juste, ma chère, vous y êtes. L'essentiel, vous devez le sentir, est de mettre obstacle à l'intrigue sans jeter le découragement dans l'âme de M. de Louvois. Moins il aura d'espoir, plus il ménagera ses largesses, et nous ne tenons pas à le contraindre à l'économie.

— Non vraiment, dit Rosine. Ainsi vous allez écrire au marquis de Courcelles que sa femme.....

Elle n'acheva pas la phrase; le bruit aigu d'un sifflet venait tout à coup de se faire entendre du côté des jardins.

Langlée bondit et s'élança vers la fenêtre.

— Chut! murmura-t-il, écoutons.

Ils entendirent le même signal se renouveler à trois reprises différentes et à des intervalles égaux.

— A merveille! quatre coups de sifflet.....

tout est sauvé ! s'écria le domestique, revenant à la femme de chambre et lui serrant la main avec transport.

— Expliquez-vous, dit-elle.

— Non, c'est inutile. Retournez chez votre maîtresse ; éloignez ses femmes et fermez toutes les portes de l'appartement, à l'exception de celle de l'escalier dérobé, dont l'issue donne sur le jardin.

— Mais que va-t-il donc se passer? demanda Rosine.

— Ceci ne doit pas vous inquiéter, ma chère. Vos gratifications de ce jour montent à

cinquante louis ; celles de demain pourront être doublées, si, avant un qart d'heure, la marquise est seule dans sa chambre. — comprenez-vous? C'est M. de Louvois qui vient de faire entendre ce signal. Il faut que, de gré ou de force, on consente à le recevoir.

— Mais si madame est prévenue, comme cela arrive toujours ?

— Non, rassurez-vous. Quatre coups de sifflet, cela veut dire que monseigneur a réussi à déjouer les manœuvres du vicomte et à lui faire perdre sa piste. Coupez le cordon de toutes les sonnettes ; que le timbre devienne muet, que tous les gens de la marquise soient assez éloignés pour ne rien entendre, même

si elle appelle au secours. Allez, Rosine, allez vite !

Langlée la poussa dehors.

Il sortit en même temps qu'elle, se hâta de gagner sa propre chambre, ouvrit un placard, en tira une échelle de corde et descendit au jardin.

Neuf heures sonnaient à l'horloge de l'Arsenal.

Un crépuscule aux teintes lumineuses, comme celui qui règne toujours au ciel pendant les belles nuits d'été, donna d'abord quelques inquiétudes au misérable, chargé par le ministre de l'exécution de ses desseins honteux.

Toutes les fenêtres de l'appartement de madame de Courcelles ouvraient sur les jardins.

Mais Langlée rampa comme une couleuvre au milieu des sentiers tortueux d'un parterre, gagna une avenue de tilleuls et se trouva bientôt dans le voisinage du mur d'enceinte, qui longeait le quai Saint-Paul.

Ce mur avait quinze pieds de hauteur.

Langlée sortit lui-même un sifflet de sa poche; il en tira des sons presque imperceptibles, mais qui furent entendus de la personne qu'il voulait avertir, car un bruit tout à fait semblable y répondit. Cela signifiait que le

quai se trouvait désert et qu'on n'avait à craindre l'indiscrétion d'aucun regard.

Aussitôt l'échelle de corde fut jetée par dessus la muraille. Une minute après, M. de Louvois était dans le jardin.

— Soyez le bienvenu, monseigneur, dit Langlée, saluant son maître.

— Enfin ! murmura le ministre avec un soupir de satisfaction profonde.

— Vous emportez d'assaut la citadelle, monseigneur.

— Grâce à toi, merci. Nos adversaires sont déroutés ; Morcerf est à Versailles, et si quel-

ques-uns de ses espions ont suivi mes traces, j'ai du moins la certitude qu'ils ne pourront l'avertir. As-tu pris toutes les mesures dont nous sommes convenus?

— Toutes, monseigneur.

— La marquise est seule ?

— Oui, madame de Champlais sans aucun doute est rentrée dans son appartement : vos coups de sifflet ont eu pour elle la même signification que pour moi; elle s'est hâtée, vous pouvez en être sûr, de souhaiter le bonsoir à sa cousine.

— Fort bien.

— J'ai réussi à introduire le loup dans le bercail, monseigneur, dit le gros laquais avec un accent malicieux : il ne lui reste plus qu'à croquer la brebis.

— Paix, maraud ! trève à tes sots commentaires, et conduis-moi, dit le ministre.

Sans se déconcerter du mauvais succès de sa plaisanterie, Langlée précéda son maître.

L'ombre était devenue plus épaisse. Ils purent facilement s'approcher de la maison.

Cependant Rosine venait d'achever la toilette de nuit de la jeune marquise, et celle-ci ne remarqua point les allées et venues de sa femme de chambre.

Assise devant une psyché garnie de satin rose et qui reproduisait sa gracieuse image, elle lisait pour la vingtième fois peut-être une lettre de M. de Villeroi, lettre écrite en termes fort respectueux, mais où se trahissaient, sous les formules délicates de la bienséance, l'affection la plus vive et le dévouement le plus tendre.

Recevant à Manheim le laconique billet de Sidonia, le duc interrogea l'homme qui venait de faire cent cinquante lieues à franc étrier pour lui apporter ces deux lignes.

Aux nouvelles qu'on lui apprit il poussa des exclamations de rage.

La jeune mariée n'avait pas voulu confier

ses accusations à un billet, dont on pouvait s'emparer pendant la route : le courrier s'était chargé de les reproduire verbalement.

Villeroi commanda des chevaux de poste sur l'heure.

Sa mission eût exigé dans le Palatinat un plus long séjour, qu'il se fût exposé à toute la disgrâce de Louis XIV, pour venir mettre obstacle par sa présence aux coupables machinations que Morcerf lui avait, le premier, fait entrevoir.

Dès son arrivée, l'oncle de Courcelles envoya prier le vicomte de se rendre auprès de lui.

Mais ce dernier venait de partir avec la cour pour Saint-Germain.

Villeroi fit questionner les gens de Morcerf. Il sut bientôt par eux le départ de Sidonia de l'hôtel de Soissons, la nouvelle demeure dont elle avait fait choix, les tentatives inutiles du ministre et l'habileté merveilleuse avec laquelle on déjouait tous ses plans de séduction.

Le porteur ordinaire des billets de Morcerf se chargea de remettre, le soir même, à la marquise de Courcelles une lettre de M. de Villeroi.

Dès ce moment la jeune femme se crut sauvée. Celui qui a solennellement promis d'être son protecteur n'est-il pas de retour ?

Elle se hâta de lui répondre et de lui exprimer sa joie.

Craignant la curiosité de la baronne de Champlais, et n'étant pas très-sûre de pouvoir se ménager avec le duc un entretien sans témoins, elle l'engagea vivement à retarder la visite qu'en sa qualité d'oncle il avait droit de lui faire.

« Nous trouverons moyen, lui écrivait-elle, de nous rencontrer ailleurs qu'aux lieux où l'on nous espionne. »

Villeroi donna son approbation complète à cette mesure de prudence. Au point où ils en étaient l'un et l'autre, ils suivaient involontai-

rement tout ce qui les jetait sur la pente d'une intrigue ; ils acceptaient le premier prétexte venu de changer des relations fort simples et tout à fait permises en rendez-vous mystérieux.

« J'irai à la messe à Notre-Dame, » avait encore écrit Sidonia.

Et Villeroi, caché derrière un des piliers de la basilique, s'était embrasé le cœur au feu du regard de sa jolie nièce.

Madame de Champlais, agenouillée près de la marquise, ne vit pas que celle-ci laissait échapper à dessein de son livre d'heures et tomber à côté de sa chaise un billet, que le

duc se hâta d'aller ramasser après leur départ.

Ce billet contenait ces mots :

» De trois à cinq heures au Cours-la-Reine. »

Monté sur un barbe magnifique et suivi d'un laquais à cheval, le duc ne manqua pas de se porter à la rencontre du carrosse de madame de Courcelles sous les avenues de la promenade. Vingt fois il passa et repassa devant elle et, chaque fois, ils échangèrent un sourire.

Puis le hasard voulut qu'un papier s'envolât hors de la portière et fût ramassé tout aus-

sitôt par le domestique de Villeroi, descendu de cheval sur un signe de son maître. Le duc déploya ce nouveau billet et lut ces mots :

« Demain, dans la matinée, je me promènerai seule avec ma femme de chambre sous les avenues de l'Arsenal. »

Il y avait là de quoi exalter l'imagination de l'homme le moins inflammable.

Sidonia ne se rend pas compte de l'effet que tous ces petits manéges doivent produire. Elle obéit à la secrète impulsion de son cœur, avec étourderie sans doute, mais avec innocence. L'arrivée de M. de Villeroi calme ses craintes et chasse tous les sombres nuages

amoncelés sur son avenir par ce fatal hymen, qu'on a réussi enfin à conclure. Pour combattre les trames perfides qu'elle commence à entrevoir, la jeune femme puise dans le retour du duc un redoublement de courage. Elle se réfugiera, s'il le faut, dans la maison même de Villeroi; elle le proclamera hautement son défenseur.

Quant à l'oncle de Courcelles, il étouffe ses derniers scrupules et s'abandonne tout entier au charme puissant qui l'entraîne vers Sidonia.

Jeune encore et dans tout le feu des passions, il s'irrite de la persistance audacieuse du ministre; il jure, lui aussi, que madame

de Courcelles n'appartiendra jamais à Louvois.

Mais, son serment, comme celui de Morcerf, n'a pas le cachet du dévouement, de la justice et de l'honnêteté. Villeroi cède à son amour. Il fait taire le cri de sa conscience; il travaille, en un mot, à écarter les autres pour prendre lui-même la place qu'on ambitionne.

Revenu de la promenade au Cours-la-Reine, il se mit à écrire une seconde lettre à Sidonia et, pour la lui faire tenir, il employa le même expédient que la veille.

Dans cette lettre il renouvelait avec chaleur sa promesse de la défendre, lui prodiguait les

phrases les plus affectueuses et la remerciait du rendez-vous accordé pour le lendemain. Puis, enchérissant sur les mesures de discrétion et de prudence adoptées par la marquise, il ajouta qu'il allait se mettre à la recherche d'une petite maison, du côté de l'Arsenal et dans le voisinage de l'hôtel de Lenoncourt, où ils pourraient se rencontrer tout à fait à l'aise.

« Vous aviserez, chère enfant, terminait le duc, au moyen de sortir de l'hôtel et d'y rentrer sans être aperçue. Le soir, avec un déguisement, rien ne devra vous être plus facile, et nous discuterons ensemble le châtiment à infliger aux insolentes prétentions de Louvois. »

Cette lettre était précisément celle que

nous avons vue entre les mains de la marquise, au moment où Rosine achevait de préparer tout pour favoriser le ministre dans sa visite nocturne.

Ainsi la malheureuse jeune femme ne pouvait échapper à la séduction, d'une part, que pour y succomber, de l'autre, plus sûrement.

Villeroi n'essayait même plus de lutter. La colère et la passion dominaient son âme loyale, et le sophisme remportait, cette fois, la plus complète victoire sur la conscience et sur la raison.

Malgré ses efforts pour y mettre obstacle, l'indigne mariage s'est accompli.

Liée sans rémission à un époux qui lui est odieux, à un époux dont elle fuit l'approche comme celle d'un reptile, Sidonia peut-elle à tout jamais condamner son cœur au silence? n'est-elle pas fatalement contrainte à chercher le bonheur en dehors de ces nœuds détestés qui l'enchaînent? si elle repousse aujourd'hui Louvois, demain elle acceptera d'autres hommages : pourquoi donc alors le duc ne porterait-il pas à ses lèvres ce fruit savoureux de l'amour, que tôt ou tard on viendra cueillir? pourquoi laisserait-il à d'autres des délices dont la seule idée le plonge dans le ravissement ?

Le mariage que Villeroi venait de contracter était un mariage de pure convenance, où les intérêts de fortune avaient eu beaucoup

plus de part que l'affection, et le duc s'était dispensé d'amener sa femme à Paris, laisssant pressentir qu'il solliciterait du roi le gouvernement du Béarn, afin que la nouvelle duchesse pût rester entourée de sa famille.

Grâce à cet arrangement, il se trouvait aussi libre qu'avant son mariage.

Il ne songeait même pas à madame de Villeroi. La pensée de Sidonia, seule, absorbait son esprit, et devant ses yeux passait continuellement cette gracieuse image, qu'il embellissait encore de tous les rêves de son amour, de toutes les illusions de son cœur.

Le duc n'avait pas, comme c'était son habi-

tude, assisté, ce soir là, au jeu du roi et au petit coucher.

Dans les souvenirs de ce jour et dans les espérances du lendemain, il trouvait trop d'aliments à ses douces extases pour essayer d'y échapper en cherchant des distractions au dehors.

Après avoir défendu sa porte, il resta seul dans sa chambre, rêvant tout éveillé, ne sentant point s'écouler les heures, et convenant avec lui-même que jamais passion plus ardente n'avait traversé sa vie, que jamais entraînement plus irrésistible ne l'avait porté vers une femme.

Tout à coup le roulement précipité d'une voiture le fit tressaillir.

Qui pouvait lui rendre visite aussi tard ? Dix heures venaient de sonner à l'horloge suspendue en face de son lit.

Comme Villeroi allait appeler ses gens, la porte s'ouvrit, et Sidonia parut, échevelée, frissonnante, le visage couvert de pâleur et les vêtements en désordre.

— Bonté du ciel ! cria le duc, vous ici, madame ? Qu'est-il donc arrivé, grand Dieu !

La jeune femme ne répondit pas.

Elle tomba presque évanouie sur un fauteuil.

M. de Villeroi s'agenouilla devant elle, réchauffa ses mains glacées, et murmura de sa voix la plus tendre :

— Parlez, mon enfant, parlez! Vous êtes chez votre ami le plus sincère, chez votre défenseur.

— Oh! oui, n'est-ce-pas, dit-elle, vous le punirez, ce lâche! vous me vengerez de ses infâmes tentatives...

— Louvois! c'est de Louvois qu'il s'agit?

— De lui-même. Tout-à-l'heure, au moment où j'allais me coucher sans défiance, il a osé pénétrer dans ma chambre...

— Le misérable! cria le duc, qui se redressa d'un bond et porta instinctivement la main sur la garde de son épée.

— Oh! tuez-le! tuez-le! je ne m'y oppose pas, dit la marquise en fondant en larmes. Il m'a forcé d'entendre l'expression de son indigne amour. Mes cris sont restés sans écho dans cette maison peuplée de traîtres, — et, pour ne pas être victime de la violence, pour échapper au déshonneur, je me suis élancée, au risque de ma vie, de la fenêtre d'un premier étage.

— Miséricorde !.... Vous êtes blessée peut-être ?

— Non, la terre fraîchement remuée d'une plate-bande a amorti ma chute. Croiriez-vous qu'après un pareil scandale, on voulait m'apaiser, me retenir? Le ministre et la baronne défendaient de mettre les chevaux au carrosse. Je me suis précipitée hors de l'hôtel. A la faveur de l'obscurité, j'ai pu me soustraire à leur poursuite. Un fiacre passait devant l'Arsenal ; je lui ai donné votre nom, votre adresse, et me voici ! Je ne vous quitte plus ! Je ne vous quitte plus ! cria-t-elle, jetant ses deux bras au cou de Villeroi et laissant tomber sur l'épaule du duc sa belle tête éplorée.

— Mon Dieu !... mais que va-t-on dire ?

balbutia-t-il, éperdu de saisissement et d'amour.

— On dira que j'ai demandé refuge au seul homme en l'honneur duquel je puisse me confier.

— Sidonia! Sidonia!... Ma tête s'égare.... Vous parlez de mon honneur?... Hélas! ai-je donc pu vous connaître sans vous aimer! Que deviendra l'honneur devant cette émotion suprême causée par votre présence?

Madame de Courcelles se leva lentement.

La pâleur avait disparu de ses joues; son sein battait avec force.

Elle tendit au duc sa main palpitante.

— Vous m'aimez, dit-elle sans effroi et l'œil illuminé d'un rayon d'allégresse : eh bien, votre amour, je l'accepte, puisque, seul, il peut me sauver de cet autre amour dont j'ai peur.

XXVI

Cependant Morcerf, après une assez longue attente dans l'antichambre de la favorite, commença à soupçonner quelque trahison de la part de Montespan.

Une suivante, qu'il interrogea, confirma ses craintes.

Allant aux renseignements, il apprit que son homme était parti depuis une demi-heure avec Louvois.

Pour Morcerf, ce nom fut un trait de lumière. Il devina tout ce qui avait dû se passer, descendit au plus vite dans la cour du château, fit seller un cheval et se jeta rapidement à la poursuite du Gascon.

Mais l'attelage de Louvois donnait au fugitif beaucoup trop d'avance; il fut impossible au vicomte de l'atteindre.

Arrivé à Paris, Morcerf courut et s'informa.

Bientôt il apprit que le digne époux d'A-
thénaïs venait de toucher cinquante mille
écus chez le surintendant des finances, et
qu'il avait pris à l'instant même la route du
midi par le Pont-Neuf, le Luxembourg et la
rue d'Enfer.

Morcerf eut un instant d'hésitation.

Le ministre est revenu avec Montespan.
Sans aucun doute Louvois a quelque dessein
perfide, pour l'exécution duquel il croit être
à l'abri de la surveillance qui le gêne. Faut-il
se jeter sur les traces du persécuteur de Sidonia, ou se mettre à la piste du traître qui,
au mépris de menaces sérieuses, a faussé sa
promesse ?

— Eh! morbleu, que cette femme s'arrange! pensa le vicomte. Dans tous les cas possibles, n'est-elle pas perdue pour François? L'important est la délivrance du captif. Je rattraperai le misérable qui me joue ; nous reviendrons ensemble à Versailles, et il tiendra parole, ou je le tue!

Ce disant, il sauta sur un cheval frais qu'il s'était fait amener.

Montespan, bercé par le meilleur carrosse du ministre, ayant à ses côtés une lourde valise, gonflée de sacs d'or et d'argent, suivait la rue Dauphine, alors en voie de construction, et regardait avec un plaisir extrême l'escorte qui trottait aux portières.

— Pardieu! se dit-il, M. de Louvois m'a tiré là d'un fâcheux guêpier. Si j'avais obtenu cette grâce, on aurait profité de cela peut-être pour me bâiller moins d'espèces. Maintenant j'emporte le magot, et voici des gaillards capables de le défendre !

Un embarras de voitures survint.

La rue se trouva barrée par deux énormes tombereaux chargés de moellons; des marchands ambulants glissèrent leurs charrettes dans les intervalles, la foule des piétons s'amassa; trois grands carrosses arrivant du Luxembourg augmentèrent la cohue, et le passage devint impossible.

Il fallut attendre là près d'une demi-heure.

Les mousquetaires descendirent de cheval pour aller se désaltérer dans un bouchon voisin.

Tout-à-coup un cavalier, lancé au triple galop, fendit la multitude, mit précipitamment pied à terre dans le voisinage du carrosse, enfonça d'un coup de poing furieux l'une des glaces et montra au Gascon la tête de Méduse.

— Ah! cadédis, monsieur le vicomte, j'avais oublié notre petite affaire! balbutia Montespan, plus pâle qu'un mort.

— Dis plutôt, malheureux, que tu as livré mon secret à M. de Louvois et qu'il te paie ton

parjure! cria Morcerf. Retourne, ou je te plante dans la gorge l'épée qui a eu la sottise de t'épargner ce matin.

— Sainte vierge! vous me faites offense, répondit le Gascon. Ne dégaînez pas et laissez-moi parler.

Malgré son effroi, il venait de forger une ruse pour gagner du temps et empêcher le vicomte de se livrer à quelque violence.

— Ce que j'ai oublié, ce n'est pas de faire signer la grâce, ajouta-t-il, mais de vous la remettre, cadédis!

— Hein? fit Morcerf, tu as la signature du roi?

— Oui, je l'affirme. A la minute je viens de retrouver dans ma poche ce damné parchemin.

— Donne vite! cria Morcerf, dont la figure s'illumina de joie.

Il ne se doutait en aucune façon du piége.

— Ah! diable! vous concevez, dit Montespan, je ne pouvais l'emporter en Gascogne, et j'ai tout-à-l'heure prié des soldats qui passaient... Mais, voyez un peu, je ne me trompe pas : ce sont eux qui boivent là-bas, en face, dans ce cabaret... Holà! mousquetaires, holà! cria le marquis, passant la tête à la portière ; venez dire, s'il vous plaît, deux mots à M. le vicomte.

Le geste de Montespan plutôt que ses paroles fut compris des hommes de l'escorte.

Ils accoururent.

— On m'attaque; vite, à la rescousse! leur dit le Gascon.

A ces mots, il sauta hors du carrosse et tira vaillamment son épée, lorsqu'il eut reconnu qu'il était, lui septième, en face du rude joûteur dont il avait, le matin même, expérimenté le savoir-faire.

— Lâche gredin! cria le vicomte. Allez-vous défendre ce misérable? demanda-t-il aux soldats.

— Oui, répondirent-ils; c'est l'ordre de M. de Louvois.

Ils mirent tous ensemble flamberge au vent.

— Par l'enfer! cria Morcerf, il ne sera pas dit que j'aurai reculé devant le nombre. Je vous ferai mordre la poussière pour atteindre ce triple lâche qui s'abrite derrière vous!

En effet, le marquis venait de se retirer prudemment à l'arrière-garde.

— Point d'épées, cria-t-il, point d'épées, vous n'êtes pas de force!

Déjà le vicomte, aux applaudissements de

la multitude qui regardait le combat, avait, par deux bottes fougueuses, désarmé deux de ses adversaires; mais au moment où il entreprenait le troisième, un coup de feu se fit entendre.

Morcerf porta la main à sa poitrine, poussa un cri sourd et tomba sur la chaussée.

— Assassin! lâche assassin! cria-t-on dans la foule.

Ces mots s'adressaient à Montespan. Il avait couru prendre à la selle du chef de l'escorte un pistolet d'arçon, puis il était venu le décharger presque à bout portant sur le vicomte.

Après ce bel acte de courage, il se replongea dans son carrosse.

Les soldats remontèrent à cheval, caracolèrent de droite et de gauche pour écarter les spectateurs indignés; puis, comme la rue devenait libre, escorte et voiture partirent au galop.

Notre pauvre vicomte fut relevé saignant.

On l'étendit sur un brancard et on l'emporta jusqu'à l'hôtel de Nevers, où les premiers secours lui furent donnés.

Fort heureusement la blessure n'était pas mortelle. Le chirurgien du roi, appelé en

toute hâte, opéra l'extraction de la balle, qui avait traversé tout le côté gauche de la poitrine, sans attaquer ni le poumon ni le cœur, puis était venue se loger sous l'épaule.

Morcerf avait été l'agresseur; il conjura sa famille de ne donner aucune suite à cette affaire, se trouvant heureux d'en être quitte à si bon compte, et plus décidé que jamais, une fois ses forces rétablies par la convalescence, à conquérir à tout prix la liberté de François.

Un soir l'abbé d'Effiat entra comme un coup de vent dans la chambre du malade.

Il était venu régulièrement savoir des nouvelles de Morcerf, et il parut, ce soir-là, s'in-

téresser beaucoup plus encore que de coutume à la guérison de la blessure.

— Pouvez-vous supporter le carrosse? demanda-t-il au vicomte.

— Oui, mon cher abbé; le médecin vient de me permettre la promenade, répondit Morcerf.

— Alors dites à vos gens d'atteler sur l'heure.

— Où donc allons-nous?

— Chez moi, dans ma petite maison de l'Arsenal. Je l'ai louée à des amoureux de votre connaissance.

— Ah!... leurs noms!

— Je tiens à vous laisser le plaisir de la surprise.

— Eh! dit Morcerf, allez au diable, mon cher, avec vos histoires d'amour! N'ai-je pas à m'occuper d'une chose plus sérieuse?

— De la liberté de votre ami Du Boulay, n'est-il pas vrai, vicomte?

— C'est là mon seul but, répondit Morcerf, et toutes mes démarches doivent y tendre.

— Alors, dit l'abbé, venez à ma petite maison.

— Hein, que signifie?...

— Venez à ma petite maison! répéta d'Effiat d'un air triomphant. Ce qui va s'y passer doit tôt ou tard servir votre projet.

Il entraîna Morcef.

A une heure de là, il pénétrèrent dans un de ces logements mystérieux que nos pères avaient du côté des faubourgs, retraites mignonnes abritées par de hauts ombrages, et où nos discrètes aïeules allaient cacher leurs amours.

— Je me suis réservé une chambre, dit d'Effiat, ou plutôt une espèce de mansarde,

veuve de meubles, privée de tentures et qui serait parfaitement indigne de vous recevoir, cher vicomte, si, dans un coin d'icelle, je n'avais pratiqué le plus perfide et le moins apparent des judas.

Tout en parlant ainsi, l'abbé soutenait Morcerf, pour l'aider à monter un escalier à limaçon, à l'extrémité duquel il lui ouvrit la pièce qu'il venait de dépeindre.

— Vous m'intriguez furieusement, mon ami, dit le vicomte. A qui donc avez-vous loué cette maison?

— Chut!... La nuit tombe, nos amoureux

vont venir. C'est leur premier rendez-vous. Venez, approchez un peu de cette fenêtre.

Morcerf s'approcha.

— Distinguez-vous à gauche, sous les arbres, un personnage qui se glisse à la faveur du crépuscule et se dirige du côté de la maison?

— Oui.

— Eh bien! c'est le duc de Villeroi.

— Juste ciel! cria le vicomte. Mais alors je devine le nom de la femme avec laquelle il va se rencontrer ici : n'est-ce point la marquise de Courcelles?

— Paix donc, morbleu, pas si haut! Vous y êtes, mon cher. La dame arrive du côté de l'Arsenal et peut entrer, avant que rien nous avertisse de son approche. Parlons sans éveiller d'écho. Le judas est ici dans le plancher. Comme la voix monte, vous entendrez tout.

— Ah! François, malheureux François! pensa Morcerf.

— Je n'ai plus qu'à passer mon déguisement, dit l'abbé.

— Votre déguisement?

— Sans doute. Entre nous, j'ai loué ma maison dans un cas de nécessité pressante. Le

métier d'héberger des amoureux n'est point assez honorable pour que je m'en fasse gloire, et je ne suis pas en nom dans l'affaire.

Tout en parlant ainsi, d'Effiat s'affublait d'une livrée marron galonnée d'argent.

— Pardieu! dit-il, le ministre se déguise bien en laquais : pourquoi n'imiterais-je pas le ministre? D'un autre côté, Villeroi ne me connaît pas. Tel que vous me voyez, je passe à ses yeux pour mon propre domestique. — « Monseigneur, lui ai-je dit, j'ai la permission de mon maître, et je réalise quelques petits bénéfices pendant un voyage qu'il fait en Allemagne. » Le duc a vu là une chose toute simple. Rien ne doit retomber sur l'abbé d'Effiat,

puisque les profits de la location ne sont pas pour lui. Quand les locataires m'appelleront, je descendrai les servir sans le moindre scrupule. Voilà, cher vicomte! L'honneur est sauf; ma curiosité, comme ma bourse, trouve son compte à tout ceci, et quelque chose m'annonce que l'aventure vous sera plus profitable encore qu'à moi.

Morcerf lui serra la main.

— Du bruit!... Le duc et la marquise sont ensemble, dit l'abbé : maintenant, silence absolu, et prêtons l'oreille.

Ils écoutèrent.

Ni Villeroi, ni Sidonia, assis à côté l'un de

l'autre dans la pièce au-dessous, ne se doutaient du moyen qu'on avait de les entendre.

— Ah ! monsieur le duc, vous ne m'aimez plus ! commença la jeune femme avec un accent désespéré.

— Vous êtes injuste, ma chère, répondit Villeroi. Pouvais-je donc lutter contre l'impossible ? Des traîtres ont averti votre époux ; il est accouru de Flandre et m'a cherché querelle avec toute la brutalité d'expressions et de manières qui le caractérise.

— Était-ce une raison pour me conseiller de rentrer à l'hôtel de Lenoncourt, monsei-

gneur? Je le disais bien, vous ne m'aimez plus.

— Mais, pauvre enfant, vous n'avez pas la moindre connaissance du monde. Quelle autre ressource avions-nous ?

— La fuite, répondit-elle.

— Pour donner gain de cause à votre mari, pour l'autoriser à vous mettre en accusation et à obtenir du Parlement le droit de vous dépouiller de vos biens? Non, Sidonia, je dois avoir de la raison pour deux. C'est trop de perdre à la fois sa fortune et sa renommée ; je n'accepterai pas un tel sacrifice.

— Monsieur le duc! monsieur le duc! vous

n'auriez pas tenu ce langage il y a un mois.

— Alors j'aurais été malhonnête et coupable. Voyons, enfant, sèche tes larmes! Ne vaut-il pas mieux laisser notre amour à l'abri du mystère? Un éclat nous perdrait l'un et l'autre. On a cru que tu avais cherché refuge dans une maison religieuse...

— Dites qu'on a feint de le croire.

— Toujours est-il que le marquis est venu me demander pardon de son insolent esclandre. Il a même insisté pour que je parusse à l'hôtel de Lenoncourt.

— Où vous avez l'honneur de rencontrer M. de Louvois, dit amèrement Sidonia.

— Le ministre ne vous a-t-il pas adressé des excuses, chère belle, et ne m'avez-vous pas affirmé vous-même que rien, ni dans ses actes ni dans ses discours, n'offusquait la règle la plus stricte des bienséances?

— Je l'avoue, répondit la jeune femme, et voilà ce qui me fait craindre un piège, un piège plus terrible que ceux dont je me suis vue entourée jusqu'à ce jour.

— Allons, allons, Sidonia, ne permettons pas au pressentiment de troubler cette heure délicieuse ! Vous le voyez, j'ai tenu ma pro-

messe : nous pourrons ainsi nous rencontrer tous les soirs et cacher notre bonheur aux yeux de tous.

Penché sur le judas, Morcerf releva la tête et dit à voix basse à son compagnon :

— J'en ai entendu suffisamment. Pouvons-nous sortir ?

— Oui, sans doute, en ayant soin d'étouffer le bruit de nos pas.

— Alors, reprit Morcerf, je vous suis, l'abbé. Guidez-moi dans l'ombre.

Ils descendirent.

D'Effiat soutint la marche encore chancelante du vicomte jusqu'au carrosse qu'ils avaient eu soin de faire stationner à distance.

— Eh bien? fit-il en regardant Morcerf.

— Eh bien, mon cher, vous n'aviez pas tort, cela peut servir. La nuit porte conseil. A demain. Venez me prendre comme aujourd'hui, je vous communiquerai le plan que nous mettrons à exécution.

Le lendemain, d'Effiat fut exact au rendez-vous.

— A combien se monte le loyer de votre maison, l'abbé? demanda Morcerf.

— Environ à dix louis par quinzaine, vicomte. J'ai demandé le plus possible.

— Et combien avez-vous dit que votre maître resterait en Allemagne?

— Six mois.

— Bon! cent vingt louis, à peu près trois mille livres : cela me coûtera moins cher que cette malheureuse expédition manquée de la Bastille, et j'aurai le cachot de moins. Voici vos trois mille livres.

— Mais, balbutia l'abbé, je ne comprends pas...

— Une simple explication vous suffira. Nous allons surprendre le duc avec sa maîtresse et leur poser des conditions, après lesquelles, j'imagine, ils auront hâte de chercher un autre lieu pour leurs entrevues. Donc, il est juste que je vous dédommage. Prenez cet or.

— Quand je vous dois déjà deux cents louis, vicomte?

— Bah! nous effaçons la dette ancienne, je vous en donne quittance. D'ailleurs, il faudra vous faire connaître à M. de Villeroi et conséquemment vous exposer à sa rancune... Oh! je sais qu'entre gens de notre sorte un service ne se paie pas, ajouta Morcerf, se

hâtant de fermer la bouche à d'Effiat. Supposons que ma bourse vous soit ouverte une fois de plus, et laissons ces misères.

— A ce compte-là, j'accepte, dit l'abbé.

Il empocha l'or.

— Voyons le plan de campagne, ajouta-t-il.

— Ma foi, dit le vicomte, il est d'une simplicité merveilleuse. D'après le court entretien que nous avons entendu hier, vous devinez clairement tout l'intérêt des coupables à cacher leur liaison.

— Parbleu!

— Donc, il nous suffira de les surprendre et de leur dicter nos volontés.

— En effet, rien n'est plus simple.

— Villeroi, comme tous ceux dont l'amour est satisfait, réfléchit, hésite, tergiverse et craint le scandale, moins pour la jeune marquise que pour lui-même.

— Sans doute.

— Il est intime avec Louis XIV, il a été son compagnon d'enfance : donc, il peut tout en obtenir.

— Bravo ! dit l'abbé. Nous réussirons mieux qu'avec ce fourbe de Montespan.

— Puisque madame de Courcelles, reprit Morcerf, accueille aujourd'hui M. de Louvois, il faudra de son côté qu'elle jure, en échange de notre promesse absolue de discrétion, d'adresser de sa jolie bouche une prière au ministre, pour le décider à ne plus apporter d'obstacle à la délivrance de François Du Boulay.

— De mieux en mieux! s'écria d'Effiat. Partons.

Comme la veille, ils entrèrent, à la nuit tombante, dans la petite maison de l'Arsenal et montèrent à la mansarde, en attendant l'arrivée de Villeroi et de madame de Courcelles.

Mais une foule de circonstances imprévues dérangèrent leur projet et le rendirent inexécutable.

D'autres machinations se croisaient avec la leur et allaient achever de perdre l'ancienne pensionnaire de l'abbaye de Saint-Loup, dont la beauté, dans cette cour vicieuse, était le plus grand tort.

Grâce à la jalousie des uns, à la convoitise des autres, à la dépravation de tous, Sidonia devait bientôt descendre jusqu'au fond de l'abîme.

XXVIII

Après la fuite de la jeune marquise de l'hôtel de Lenonconrt et le désappointement du ministre, trompé dans ses honteuses espérances, Langlée dit à Rosine :

— Pas un mot à âme qui vive de l'amour

de M. de Villeroi. Sans aucun doute la fugitive est chez le duc. Laissez-moi faire et, quand l'heure de vous employer sera venue, je vous indiquerai la marche à suivre.

— Bien, dit la femme de chambre. Vous me payez pour obéir, j'obéirai.

Le gros laquais sortit de l'hôtel, se dirigea du côté du Palais de Justice, entra dans l'échoppe d'un écrivain public et lui dicta une lettre de dénonciation, très-vague, mais appropriée au caractère de l'homme à qui elle était écrite.

Ce pli cacheté, il fit mettre dessus l'adresse suivante :

« A monsieur le marquis de Courcelles, colonel des dragons à l'armée de Flandre. »

Puis il confia simplement ce message à la poste royale, agissant dans tout ceci à l'insu de son maître, et ne jugeant pas à propos de puiser dans sa propre bourse l'argent nécessaire aux frais d'un courrier.

La missive arriva d'une façon plus lente, mais aussi sûre, à sa destination.

Courcelles la reçut aux portes d'Anvers et poussa un cri de rage, à la pensée que Sidonia oserait disposer de son cœur en dehors des honorables prétentions du ministre.

Huit jours après, monsieur le colonel des dragons tombait comme la foudre dans le quartier de l'Arsenal.

Il jeta feu et flamme, montra la lettre sans signature qu'il avait reçue, demanda où était la marquise et blasphéma comme un damné, lorsqu'il apprit sa fuite de l'hôtel.

Langlée, attirant alors sa complice à l'écart, lui dit :

— Du sang-froid, ma bonne Rosine, et surtout de l'habileté! Voici le moment. Prenez la cassette où l'on a serré les lettres de M. de Villeroi; courez ensuite chez le duc trouver votre maîtresse, et dites que vous avez sauvé

la correspondance de tout regard indiscret. Ce mensonge adroit vous rendra la confiance de la marquise, si elle vous soupçonne.

— Un de plus, un de moins, nous en avons tant débité jusqu'ici, dit Rosine...

— Allons, allons, interrompit Langlée, trêve de commentaires! Vous annoncerez la visite du mari, afin qu'on ne se laisse pas surprendre : nouveau moyen très-précieux pour convaincre madame de votre innocence. Conseillez-lui de rentrer à l'hôtel et de soutenir qu'elle a trouvé refuge dans un couvent.

La femme de chambre alla prendre la cassette et partit.

— Mais qui donc a pu m'envoyer cette lettre maudite? criait Courcelles. Où est la marquise? Comment vais-je apprendre le nom du misérable qui me déshonore?

— Chut! fit tout à coup Langlée, jugeant que Rosine avait assez d'avance, et tirant monsieur le colonel des dragons par la manche de son pourpoint : vous allez tout compromettre avec vos clameurs. Le ministre ne sait rien.

— Bon! c'est toi qui m'as écrit, alors?

— Moi-même.

— Le nom du séducteur, je le veux sur-le-champ.

— Quoi! vous ne le devinez pas? Lorsqu'on a des oncles de si bonne mine et de manières si charmantes, on devrait tâcher, monsieur le colonel, de leur donner des nièces un peu plus laides et moins coquettes.

— Damnation! hurla Courcelles.

Sans prendre la peine de changer de costume, il courut chez Villeroi en frac de voyage et en bottes fortes.

Prévenu à temps, celui-ci répondit aux injures du marquis par une dignité calme, sonna ses laquais et fit jeter monsieur son neveu dehors.

« Quand on aime, a dit quelque part Ninon de Lenclos, très-expérimentée dans la matière, on ne réfléchit pas ; dès que l'on réfléchit, on n'aime plus. »

Le duc envisagea toutes les conséquences de la passion dont il avait subi l'entraînement.

Donner refuge à la marquise dans sa propre demeure était une imprudence difficile à justifier aux yeux du monde, même en invoquant les liens de parenté, même en faisant valoir les sérieux et pressants motifs qui portaient la jeune femme à lui demander asile.

Villeroi savait Louis XIV très-indulgent pour

les affaires de cœur. Plus d'une fois néanmoins le monarque lui avait dit que jamais il ne soutiendrait son ami le plus cher contre la rumeur publique et le scandale.

Or, Courcelles, dont le duc connaissait l'éducation et l'aimable nature, avait trop beau jeu pour en rester là. Ses soupçons, loin de les taire, il les criera sur les toits ; son déshonneur, s'il en a jamais la preuve, il le fera connaître à toute la cour.

Il faut donc s'arrêter sur ce chemin dangereux.

Le duc est assuré de la discrétion de ses gens. Rosine engage sa maîtresse à retourner

à l'hôtel de Lenoncourt et à dire qu'elle sort d'un monastère : le conseil de cette fille est très-sage, il prouve la fidélité de celle qui le donne.

Jamais Louvois, d'ailleurs, n'osera renouveler ses tentatives.

Si l'on demande à Sidonia le nom de la maison religieuse où elle a reçu l'hospitalité, elle refusera de le faire connaître, sous le prétexte très-admissible qu'elle veut se réserver le même refuge, au cas où de nouvelles insultes viendraient une seconde fois l'obliger à fuir.

A tous ces raisonnements la jeune femme répondit par des pleurs.

Villeroi lui jura qu'il trouverait pour la voir un moyen sûr et conforme aux lois de la prudence. L'invitant ensuite à mettre un masque, il la fit sortir secrètement et la conduisit jusqu'à une voiture de louage, où Rosine s'installa aux côtés de sa maîtresse.

Une demi-heure après, madame de Courcelles était accueillie à l'hôtel de Lenoncourt avec des prévenances et des caresses, auxquelles elle était loin de s'attendre.

Si nous n'écrivions pas une histoire trop connue pour que personne ose mettre en doute notre véracité de conteur, nous pourrions reculer devant cet amas d'incidents bizarres et de péripéties invraisemblables.

M. le colonel des dragons fut le premier à courir à la rencontre de sa femme.

Il lui baisa les mains de la façon la plus galante; s'accusa d'avoir eu d'injustes soupçons et dit que la journée ne se passerait pas sans qu'il eût fait à M. de Villeroi l'amende honorable la plus complète.

Sidonia tombait des nues.

A la porte de sa chambre, elle trouva la baronne de Champlais, son estimable cousine. Celle-ci la combla d'amitiés, pleura de joie, se montra ravie de son retour, lui demanda pardon de ce qui était arrivé par un défaut de surveillance, prononça le nom de M. de Lou-

vois, l'accusa sévèrement d'abord, puis hasarda quelques mots des regrets du ministre et de son repentir pour une faute qu'un excès d'amour seul pouvait rendre excusable.

Bref, elle finit par ouvrir une porte, et M. de Louvois lui-même, tombant aux genoux de la marquise, lui demanda grâce en termes si respectueux et si humbles, que Sidonia ne trouva pas un mot de reproche et fut presque émue d'une scène dictée par la rouerie la plus habile et la perfidie la mieux combinée.

Le personnage entre les mains duquel le ministre plaçait la direction de ses amours avait eu soin de se retrouver face à face avec Courcelles, au moment où celui-ci sortait,

chassé par son oncle, et se préparait à aller demander vengeance au noble protecteur qui s'occupait de son avenir militaire.

— Gardez-vous de commettre une pareille sottise, gardez-vous en bien ! dit Langlée. J'ai de nouveaux renseignements. Votre femme aime le duc sans doute, mais elle ne lui a point cédé; je viens d'apprendre de bonne source qu'elle a passé dans un cloître tout le temps de son absence. Promettez-moi de l'accueillir sans colère, et je la décide à rentrer ce soir.

Monsieur le colonel des dragons promit ce qu'on lui demandait.

Langlée le quitta et courut chez Louvois.

Seulement alors il fit au ministre une révélation entière, calma sa rage jalouse, lui conseilla d'attendre des preuves certaines de l'intrigue et de faire tourner le tout à son profit. Monseigneur accepta le plan de conduite que lui traçait son âme damnée. Ils prirent ensemble le chemin de l'hôtel de Lenoncourt.

Madame de Courcelles se trouva d'abord très-heureuse du mystère qui paraissait couvrir sa faute.

On la flattait, on lui prodiguait l'adulation et les hommages. Des fêtes s'organisèrent, et l'on fit comprendre à la jeune femme que sa fortune lui permettait de mener grand train. Elle eut les plus beaux équipages, les plus ri-

ches toilettes. Le ministre se chargea de peupler ses salons, et M. de Villeroi y parut, un soir, amené par son neveu repentant.

Sidonia commençait à se façonner à ce monde d'intrigues. Elle apprenait à lire sous les masques. Victime jusqu'ici d'une foule de trahisons, elle devinait les mensonges du regard et du sourire. L'accueil fait au duc par leurs ennemis communs lui donna des craintes, en raison même de l'excès de bienveillance qui caractérisait cet accueil.

Elle crut voir les lèvres du ministre blanchir et sentit percer l'aigreur sous les paroles affectueuses qu'il adressait à Villeroi.

Quand Rosine vint apprendre à sa maîtresse que le duc avait trouvé moyen d'organiser dans le voisinage des rendez-vous mystérieux, Sidonia eut un frisson d'épouvante. La femme de chambre réussit difficilement à la décider à une première démarche, et l'on a pu voir que, dans le tête-à-tête de la petite maison, madame de Courcelles avait gardé toutes ses craintes, tout son effroi.

Ces pressentiments de Sidonia étaient fondés.

Louvois en personne l'avait suivie, la veille, jusqu'à la porte de l'abbé d'Effiat.

Devant la complète certitude du bonheur

de son rival, le ministre sentit renaître toute sa rage.

Mais Langlée l'accompagnait.

Cette espèce de démon, calme dans son ignominie, froid et patient dans ses manœuvres, arrêta les fougueux transports de son maître et lui déroula des combinaisons si merveilleuses, une ruse si adroite, que Louvois y donna sur l'heure un assentiment sans réserve. Il comprit que la violence et la colère ne feraient que l'éloigner de son but et retarderaient son triomphe.

Tout fut arrêté entre eux.

On écrivit, le lendemain de très-bonne heure, vingt lettres anonymes, qui furent expédiées à madame de Carignan, à Olympe Mancini et aux anciennes maîtresses de Villeroi, dont le nombre était fort raisonnable.

Il y en avait une surtout, avec laquelle jusqu'ici des considérations très-graves empêchaient le duc de rompre entièrement sous peine de s'exposer à des tracasseries et à des vengeances de cour : c'était la princesse de Monaco, amie intime de madame Henriette, duchesse d'Orléans et belle-sœur de Louis XIV.

Toutes ces lettres dénonçaient l'intrigue de Villeroi avec Sidonia, indiquaient l'heure du rendez-vous et invitaient ces dames à se trouver aux alentours de la petite maison de l'Ar-

senal, où l'on promettait de les introduire et de leur donner curieux spectacle.

Pendant que Langlée fournissait ainsi de l'occupation à son écrivain du palais de justice, M. de Louvois se chargeait d'un autre soin.

Il faisait adroitement circonvenir Colbert.

Le surintendant des finances, comme on peut le croire, songeait toujours à cette magnifique dot, si malheureusement enlevée à Maulevrier son frère et à Ménars son beau-frère. Il avait juré, si jamais il parvenait à découvrir les auteurs de cet échec, aussi humiliant pour l'amour-propre des siens que con-

traire à leur fortune, de se venger sans miséricorde et sur l'heure.

Rosine, ayant ouvert la cassette de Sidonia, chose très-facile au moyen d'une seconde clef fabriquée à cet usage, prit dans cette cassette la plus compromettante des lettres de Villeroi.

L'autographe, des mains de la femme de chambre, passa dans celles de Langlée.

Celui-ci le remit à Louvois.

Puis le ministre, ayant soin de se tenir derrière le rideau, fit présenter en dernier ressort la lettre à Colbert, comme preuve évidente

que le duc seul, dans l'intérêt d'une passion coupable, s'était arrangé pour rompre au profit de son neveu Courcelles l'alliance appuyée par Louis XIV.

Le surintendant croit tenir enfin son ennemi.

Aussitôt il signe un ordre d'arrestation et charge un officier aux gardes d'attendre le duc, avec dix hommes, sur la route que celui-ci doit suivre pour aller à son rendez-vous.

Villeroi, le soleil couché, s'avançait sans défiance et tournait l'Arsenal, quand tout-à-coup des soldats se précipitent sur lui, le terrassent le bâillonnent et le mènent à la Bastille, qui

se trouvait à deux pas du lieu de cette rapide exécution.

Seulement, avant d'écrouer le prisonnier, les soldats le fouillèrent.

Ils prirent une clef dans sa poche, et l'un d'eux porta cette clef à deux hommes cachés sous l'avenue de tilleuls de l'Arsenal et qui, depuis une heure, avaient l'œil sur tout ce qui se passait aux environs du logis de d'Effiat.

Cependant madame de Courcelles, suivie de cette perfide Rosine, dont l'adresse pour dissimuler une trahison ne pouvait être comparée qu'à l'habileté de son complice à la forger, quittait secrètement l'hôtel de Lenoncourt et

s'avançait à pas craintifs au milieu de l'obscurité croissante.

Çà et là, sur son passage, dans l'enfoncement des murs, sous les arbres, au coin des maisons, la jeune marquise crut apercevoir des ombres, entendre des chuchotements ; mais, sur les affirmations de la soubrette, elle finit par se convaincre que l'oreille lui tintait, que la peur lui créait des fantômes.

Elles entrèrent dans la petite maison.

Déjà celui des deux hommes, à qui les soldats avaient remis la clef volée au duc, venait d'y pénétrer avant elles, laissant dans la rue

son compagnon, qui n'était autre que Langlée.

Le gros laquais, après avoir refermé la porte, s'était effacé dans un coin obscur pour laisser passer Rosine et sa maîtresse, puis il avait abordé les ombres échelonnées de distance en distance, et auxquelles il se proposait de servir de guide et d'introducteur.

Nous savons, d'autre part, que Morcerf et d'Effiat s'étaient rendus dans la mansarde, à la chute du jour, avec l'intention d'exécuter un projet, désormais impossible.

Rosine, ayant précédé la marquise sous le

vestibule, ouvrit une porte et la laissa pénétrer seule dans une pièce sans lumière.

Il avait été convenu entre les amants qu'on n'allumerait point de flambeaux, afin de ne pas donner de soupçons à l'hôtel de Lenoncourt, dont le voisinage était à craindre.

A peine Sidonia fut-elle dans la chambre, qu'une main s'empara vivement de la sienne.

— C'est vous, monsieur le duc? murmura la jeune femme. Ah! bonté divine, ai-je eu peur? Partout sur mon passage il m'a semblé voir des figures qui m'espionnaient.

— Vous avez parfaitement vu, lui répondit-

on, sans lâcher la main qu'on avait saisie. Des traîtres vous dressent une embûche et tous vos ennemis se croient à la veille du triomphe ; mais rassurez-vous, madame, je vous sauverai.

— Miséricorde!... qui êtes-vous ? Laissez-moi ! cria-t-elle, frappée d'épouvante.

— Je viens ici pour vous défendre, madame, et vous allez en avoir la preuve. Écoutez! — des pas retentissent dans le vestibule, on entre.

Comme il achevait ces mots, la porte s'ouvrit avec fracas.

Des torches éclairèrent subitement le visage de la marquise; puis un tourbillon de velours, de satin, de plumes et de dentelles fit invasion dans la chambre. C'étaient toutes les dames averties, le matin, par lettres anonymes. Langlée venait de les introduire. Chacune avait auprès d'elle un cavalier railleur.

A la vue de Sidonia frémissante et soutenue par un homme en manteau, dont le visage était caché sous un feutre à larges bords, de bruyants éclats de rire éveillèrent tous les échos de la petite maison.

— Recevez nos félicitations bien sincères, monsieur le duc! dit Olympe avec une ironique révérence.

Madame de Carignan, saluant à son tour, ajouta :

— Nous voyons ce que nous voulions voir, le beau Villeroi aux côtés de la charmante filleule de Louis XIV.

— Quel aimable couple! s'écria la princesse de Monaco, suffoquée de jalousie et de colère. Oh! soyez tranquille, marquise! ne tremblez pas pour vos amours : monsieur le duc est un modèle accompli de constance.

— Vous êtes la cinquantième environ qui régnez sur son cœur, dit une petite duchesse en jouant de l'éventail,

— Sans vous compter, mesdames ! s'écria l'un des cavaliers.

Tous les autres battirent des mains à cette saillie.

— Assez ! fit Olympe. Laissons M. de Villeroi et la marquise en tête à tête. Demain toute la cour aprendra leur bonheur.

— Oui ! oui !

— Nous n'avons aucune raison de garder le secret,

— Ces charmantes amours seront publiées

avec réflexions et commentaires. Bonsoir, marquise, et bonne chance !

En ce moment, Louvois, que nos lecteurs ont deviné depuis longtemps, déposa sur un fauteuil Sidonia, presque morte de frayeur, jeta son feutre, son manteau, et cria d'une voix éclatante :

— On n'apprendra rien, on ne saura rien, car je suis là pour vous ordonner la discrétion, pour vous commander le silence !

Tout le monde recula de stupeur.

— Je vous mets au défi, poursuivit-il, tous tant que vous êtes, de braver cet ordre et de

proférer un mot, un seul, au sujet de ce que vous venez de voir dans cette maison.

— Le ministre, c'est le ministre ! murmurèrent avec effroi tous les témoins de l'aventure.

— Quelle déconvenue !

— Sauvons-nous !

— Pardon, monseigneur, dit Olympe : nous avons été trompés par de faux renseignements, et nous vous prions en grâce...

— Silence ! interrompit Louvois. Aucune de

vous n'est excusable. Ces messieurs méritent plus de blâme encore, pour vous avoir aidées dans ce guet-apens tendu à une femme. Qui êtes-vous donc, pour oser jeter la pierre et frapper sans merci?

— Daignez tenir compte de nos regrets, monseigneur.

— Sortez, sortez tous! Je vous ai laissé parler suffisamment pour vous reconnaître, et malheur à ceux qui violeront ma défense?

Louvois arracha une torche à l'un des cavaliers de ces dames, ouvrit à deux battants la porte principale, se plaça sur le seuil et acheva de jouer merveilleusement son rôle, en éclai-

rant le visage de ceux qui sortaient et en les contraignant à le regarder en face.

Rosine, assise dans un coin de l'antichambre, feignait la consternation.

Tout ce monde une fois disparu, Louvois referma la porte et dit à la marquise :

— Je vous ai sauvée, madame! Les indiscrets se tairont. Vous le voyez, j'ai plus soin de votre réputation que vous-même, et, si j'ai eu des torts, je les répare.

Mais Sidonia n'entendit point ce discours. Elle avait entièrement perdu connaissance.

— A moi, quelqu'un ! cria le ministre, la voyant immobile et blanche comme un linceul.

Rosine avait cru convenable d'aller prévenir du succès de la ruse Langlée, caché au fond d'un corridor voisin ; par conséquent elle ne put entendre l'appel de Louvois. Mais d'Effiat, qui écoutait avec Morcerf, se hâta de revêtir sa livrée, descendit et entra dans la chambre avec la mine révérencieuse d'un laquais de bonne maison.

— Qu'y a-t-il pour votre service, monseigneur? demanda-t-il, en saluant jusqu'à terre.

— Du secours, il faut du secours, à madame, dit le ministre.

Puis, se ravisant presque aussitôt et retenant d'Effiat qui courait à la marquise :

— Non, reprit-il, tout à l'heure. Une plume et de l'encre d'abord?

L'abbé ouvrit le tiroir d'un secrétaire, plaça sur une table voisine tout ce qu'il fallait pour écrire et reçut la torche que le ministre lui tendait, avec invitation de l'éclairer.

De la place où il était, d'Effiat put lire aisément les lignes suivantes, que Louvois traça sur une première feuille.

« Ordre au gouverneur de la Bastile de rendre libre immédiatement celui de ses prisonniers, dont le porteur de cet écrit lui donnera le nom.

Louvois. »

Un éclair rapide passa sur le visage de l'abbé. Il dévorait le bienheureux papier du regard.

Cependant Louvois écrivait sur une seconde feuille :

Madame la marquise,

« Vous êtes victime d'une vengeance de

Colbert. L'affront que vous venez de recevoir, c'est à lui que vous le devez. Je regarde comme indigne de moi de m'associer à vos ennemis, et ce que vous trouverez sur cette table en revenant à vous, madame, vous convaincra mieux que toutes mes protestations. Vous pouvez délivrer le duc. Je n'abuserai pas de la pénible situation où vous êtes. La violence de mon amour a pu m'emporter une fois au delà des bornes ; mais vous m'en avez trop cruellement puni pour que je m'expose de nouveau à une rancune, dont les suites me désespèrent. Aux yeux de tous les témoins qui étaient là, vous m'appartenez ; on envie mon bonheur. Hélas! vous seule pouvez le dire, ce bonheur n'a jamais été qu'à l'état d'espérance!

« Décidez de mon sort et décidez du vôtre, madame.

« Voyez s'il est plus sage de garder un amant, dont vous perdez l'avenir en même temps que vous compromettez votre honneur, où d'accepter les hommages d'un ministre prêt à vous avouer hautement et à vous faire respecter. »

M. de Louvois signa cette lettre et dit à d'Effiat, qui l'éclairait toujours de l'air le plus humble et le plus respectueux :

— Appelez la femme de chambre, et quand madame la marquise aura repris ses sens, montrez-lui ce que je laisse pour elle.

— Vos ordres seront fidèlement suivis, monseigneur, répondit l'abbé, palpitant d'espoir, et se promettant bien de donner au premier de ces deux écrits une autre destination que celle prévue par le ministre.

M. de Louvois quitta la chambre. Il ne s'était écarté en rien du plan de son conseil intime.

A peine fut-il dehors, que d'Effiat prit l'ordre de délivrance, le fourra dans sa poche et remonta vivement l'escalier de la mansarde, où attendait le vicomte.

— Le ciel est pour nous ! s'écria-t-il. Venez, venez !

— Qu'y a-t-il ? demanda Morcerf.

— Point d'explications, elles seraient ici trop dangereuses. Sortons vite. Demain, je vous le jure, les portes de la prison d'État s'ouvriront pour François Du Boulay.

Ils descendirent et quittèrent la maison.

En passant près de l'hôtel de Lenoncourt, une chose les frappa : toutes les fenêtres étaient éclairées comme pour une fête, et l'on entendait des violons jouer un air de ballet.

Ni le vicomte, ni l'abbé ne purent deviner le mot de cette énigme. Peu leur importait, du

reste, qu'on dansât chez la marquise, au moment où elle n'était pas là pour faire les honneurs de l'assemblée.

Morcerf venait d'apprendre le tour admirable exécuté par son compagnon.

L'heure était trop avancée pour courir à la Bastille ; mais ils devaient, le lendemain dès le point du jour, aller frapper à la porte du gouverneur.

Comment y avait-il réunion à l'hôtel de Lenoncourt ? deux mots suffiront pour l'expliquer. Madame de Champlais, très désireuse d'obtenir au plus vite son tabouret de duchesse,

suivait avec ponctualité toutes les instructions du ministre, et Louvois lui avait recommandé de faire des invitations pour le soir même, à l'insu de la jeune marquise

On savait Courcelles en débauche avec ses anciens amis aux gardes ; il ne devait rentrer que fort tard, ou point du tout.

Langlée reçut de la baronne autant de billets d'invitation qu'il avait envoyé de lettres anonymes.

Au moment du coup de théâtre de la petite maison, le fidèle serviteur distribua ces billets aux personnes chassées par son maître. Il leur laissa pressentir que tout ce qui venait

de se passer n'était pas très-sérieux et que M. de Louvois leur pardonnerait aisément, si elles se rendaient à l'hôtel de Lenoncourt, où bientôt le ministre lui-même irait les rejoindre.

Olympe, avec son génie fatal pour l'intrigue, n'avait pas besoin d'une plus longue explication pour tout comprendre.

Suivie de ces dames et de leurs cavaliers, elle envahit le salon où attendait la baronne et, quand M. de Louvois parut, elle lui dit à l'oreille :

— Bien joué, monseigneur ! Vous avez un peu manqué de reconnaissance en me laissant

déposséder de ma charge de surintendante ; mais je vous pardonne, eu égard à l'habileté de vos manœuvres, et je suis prête comme autrefois à vous venir en aide.

Lorsque Sidonia, secourue par la soubrette, rentra, pâle, égarée, dans cet hôtel maudit où la trahison l'environnait de toutes parts, Olympe, madame de Carignan et la princesse de Monaco s'empressèrent autour d'elle, lui prodiguèrent les excuses et les cajoleries, accusèrent le surintendant des finances du scandale dont elles avaient failli la rendre victime, portèrent aux nues le dévouement de Louvois, sa délicatesse, son honneur, et finirent par la conjurer presque avec larmes de leur obtenir le pardon du ministre.

La malheureuse jeune femme se perdait au milieu de ce labyrinthe d'événements incompréhensibles.

Elle n'avait pas lu la lettre de Louvois, pressée qu'elle était de fuir cette maison fatale, où venait de se publier sa honte.

Retrouvant chez elle, dans sa propre demeure, ces mêmes personnes dont les moqueries et les éclats de rire retentissaient encore à ses oreilles, le rouge lui monta au front, ses yeux se voilèrent d'un nuage; elle crut que son cerveau allait éclater.

— Chère enfant, du calme!... Voyons, rassurez-vous, murmurait tout bas Olympe. No-

tre discrétion vous est acquise. Le ministre a eu la conduite la plus noble, la plus généreuse. Il vous a donné sans contredit une preuve d'amour, comme il est rare que femme en reçoive. Colbert a voulu vous perdre, Louvois vous a sauvée.

Puis les cajoleries recommencèrent.

Vainement Sidonia cherchait l'ironie au fond de ces discours, elle ne la trouvait point.

Toutes ces marques d'estime et de considération, toutes ces flatteries, tous ces hommages purent lui persuader un instant qu'elle avait fait un mauvais rêve.

M. de Louvois, l'œil calme et le sourire aux lèvres, l'invita gracieusement pour une entrée de ballet. Il lui parla de tout, excepté de ce qui venait d'avoir lieu.

La fête dura jusqu'à près de minuit.

Quand Sidonia se trouva dans sa chambre à coucher, délivrée enfin de ce tumulte et de ce monde, ce fut au tour de Rosine de parler du service rendu par le ministre à sa maîtresse.

Affiliée de longue date aux roueries de l'hôtel de Soissons, cette fille avait le plus dangereux de tous les langages, en ce qu'il

était empreint d'un cachet de naïveté, dû à son défaut d'éducation même, et contre lequel on se trouvait sans défiance.

Madame de Courcelles se demanda où était Villeroi, pendant cet odieux manège de leurs ennemis.

Une seule chose pouvait l'instruire du malheur qui avait frappé son amant : c'était l'ordre de délivrance laissé par le ministre, et dont les termes, combinés avec ceux de la lettre, eussent été pour elle une révélation. Mais l'abbé d'Effiat s'était emparé du premier écrit; la marquise, dans son trouble, n'avait pas aperçu le second sur la table : elle

ne comprenait donc pas l'absence de Villeroi.

Sidonia se crut abandonnée, trahie.

Le lendemain, elle ordonna, dès neuf heures du matin, d'atteler les chevaux au carrosse. On ne lui objecta rien à cet égard, on la laissa libre.

Elle courut chez le duc.

Il n'était pas rentré de la nuit, aucun de ses gens ne savait où il pouvait être.

La marquise lui écrivit; mais le jour s'écoula tout entier sans réponse.

On eût dit que le hasard se plaisait à donner aux combinaisons du ministre un succès plus prompt et plus assuré.

En adoptant les ruses forgées dans le cerveau d'un laquais passé maître en fourberie, Louvois s'était tenu à lui-même le raisonnement qui va suivre, raisonnement très-court à la fois et très-logique :

— On délivrera le duc, c'est clair pensait-il. Mais une nuit sous les verroux fait naître des réflexions. L'amant se refroidira, craindra le scandale, provoquera bientôt ue rupture et je serai là, paré de mon dévouement, drapé dans un manteau de pro-

tection généreuse : l'héritage de Villeroi m'appartient.

Monseigneur se résignait philosophiquement à n'arriver qu'en second ordre.

Ne voyant pas son rival paraître, il regarda cette absence comme la réalisation de ce qu'il avait prévu.

Ses espions se mirent en campagne.

Lorsqu'ils vinrent lui apprendre que Villeroi n'était pas encore sorti de la Bastille, une nouvelle aussi inattendue porta la joie du ministre jusqu'au délire. Décidément Sidonia

lui fait un complet sacrifice, décidément elle accepte son amour!

Il lui envoya aussitôt par deux gentilshommes de la chambre un billet gracieux, écrit de la main de madame Henriette elle-même.

On invitait la jeune marquise à une fête à Saint-Cloud.

Le roi s'y trouvait. Il complimenta sa filleule, lui adressa les discours les plus affectueux et lui affirma qu'il l'accueillerait avec un plaisir extrême à toutes les réunions de la cour.

Se voyant comblée d'honneurs, de flatteries et d'adorations, Sidonia sentit l'énivrement envahir son âme.

La tête lui tourna.

Ce prestige d'une fête royale, ces pompes, ces grandeurs la plongèrent dans une sorte d'extase, pendant laquelle le ministre put lui parler impunément d'amour et la promener le long des galeries éblouissantes du palais, sous les majestueux ombrages du parc, au milieu de la foule dorée qui saluait son triomphe.

Puis madame Henriette vint passer son bras sous celui de la marquise.

Elle l'accabla des protestations les plus vives et lui jura l'amitié la plus tendre.

— Je suis heureuse, dit-elle, en l'entraînant dans un délicieux boudoir tendu de velours orange, que vous soyez enfin devenue raisonnable. Si vous eussiez persisté, ma chère, vous m'auriez eue pour ennemie; car madame de Monaco tient à Villeroi. C'est une liaison de deux ans, à laquelle, il faut vous l'apprendre, le duc tient beaucoup lui-même.

Elle ouvrait, en parlant de la sorte, un nécessaire d'ivoire, incrusté d'or, et en tirait toute la correspondance de Villeroi avec la princesse. La dernière lettre avait tout au

plus huit jours de date. Madame Henriette la fit lire à Sidonia.

Celle-ci devint pâle et posa les deux mains sur son cœur. Mais tout aussitôt un éclair d'orgueil jaillit de ses yeux. Elle dit à la belle-sœur du roi :

— Voilà, certes, une trahison trop honteuse pour que je la pardonne !

— On n'a pas vu le duc depuis la semaine dernière ; sans doute il est allé faire un voyage, dit madame Henriette. Il sent le besoin de désorienter la médisance. Vous me jurez de rompre à son retour ?

— De rompre sans pitié, oui madame, je le jure, répondit Sidonia.

Le soir même, M. de Louvois eut l'honneur de ramener à Paris dans son carrosse madame la marquise de Courcelles.

XXIX

Depuis que Louis XIV, furieux de voir murer la porte secrète qui lui permettait de s'introduire chez les filles d'honneur, avait exilé madame de Navailles et jeté l'amant de Sidonia dans un cachot de la Bastille, trois grands

mois se sont écoulés, trois mois de souffrances horribles et de tortures sans nom pour le malheureux jeune homme, auquel on faisait expier si cruellement une simple contrariété survenue dans de royales amours.

Du Boulay n'était plus que l'ombre de lui-même.

Les appréhensions mortelles où il se trouvait au sujet de Sidonia, la privation d'air, les miasmes fétides aspirés dans le souterrain ténébreux où on l'avait plongé, tout cela joint au désespoir qui lui bouleversa le cœur, lorsque son féroce gardien vint lui apprendre la tentative avortée de Morcerf et l'ordre donné par Barnaville d'emprisonner le vicomte, tout

cela, disons-nous, suffisait pour accabler l'homme le plus robuste et le moins accessible aux impressions de la douleur.

François tomba dangereusement malade.

On le transporta dans une chambre, où du moins il put revoir le jour; mais cette pitié tardive ne l'empêcha pas de rester six semaines entre la vie et la mort.

La lettre que lui écrivit Morcerf, et que maître Barbeau, fidèle à sa parole, réussit à faire tenir au prisonnier, put seule hâter la convalescence de François.

— Excellent ami! cœur d'or! se dit le ma-

lade, arrosant de ses larmes les lignes tracées de la main du vicomte, il est libre enfin!... Dieu soit loué! Cette bonne nouvelle me rend des forces et m'enlève de la poitrine un poids énorme. Oui, tu as raison frère, courage! Il faut supporter l'épreuve; ce serait offenser Dieu que de douter de sa providence. Je vais ordonner à l'âme de soutenir ce faible corps, et l'âme triomphera.

Ses lèvres émues pressaient l'écriture bénie qui venait lui rendre à la fois l'espoir et la santé.

— Mais elle, Sidonia? reprit le jeune homme frissonnant, Sidonia connaît mon malheur: pourquoi ne reçois-je point aussi de ses let-

tres? Elle n'ignore pas ce que je dois souffrir. C'est pour avoir voulu la sauver qu'on me châtie. L'amitié seule, hélas! peut-elle donc aider l'espérance à franchir les murs d'une prison, et l'amour n'a-t-il pas ce pouvoir?

Au moyen de l'or que le digne Barbeau lui envoyait, François essaya d'éblouir un de ses gardiens, le suppliant de l'aider à organiser par quelques relations extérieures une correspondance avec mademoiselle de Lenoncourt; mais il ne fut pas plus heureux que Morcerf et trouva cet homme incorruptible.

L'hôtelier de la porte Saint-Antoine était obligé de recourir à des ruses inouïes pour déjouer la surveillance.

. Après mille essais infructueux, la missive du vicomte ne put être remise à Du Boulay que par le médecin même de la Bastille.

Celui-ci la donna au malade, en lui tâtant le pouls.

Quant à l'or, il arrivait par une voie plus simple. Dès qu'il fut permis à François de prendre quelque nourriture, on en glissa, de temps à autre, quatre ou cinq pièces dans chacun des pains apportés au prisonnier.

Reconnaissant l'impossibilité de communiquer directement avec Sidonia, le jeune homme espéra que du moins il recevrait des nouvelles

de sa maîtresse par l'intermédiaire de Morcerf.

Hélas! il dut bientôt renoncer à cet espoir!

Le médecin discontinuait ses visites, et le geôlier soupçonneux avait fini par rompre le pain chaque jour. Il saisissait impitoyablement tout ce qui arrivait par cette voie.

Du Boulay succomba de nouveau à l'inquiétude et au chagrin.

Lorsque le vicomte, montrant l'écrit signé de Louvois, se fit ouvrir les portes de la sombre forteresse, il trouva son infortuné camarade pâle, abattu, méconnaissable, ne pouvant

plus se soutenir, et dans un état de marasme à exciter la compassion du plus cruel ennemi.

Morcerf eut envie de massacrer les bourreaux, qui par leurs tortures multipliées réduisaient des hommes à cet anéantissement absolu de la nature physique et des facultés morales.

Ce fut à peine si le mot *liberté*, jeté par le vicomte aux échos de ces voûtes maudites, put amener un sourire sur les lèvres flétries de Du Boulay.

— Et Sidonia, qu'est-elle devenue? parle-

moi de Sidonia, murmura-t-il d'une voix éteinte.

— Oui... certainement, nous en parlerons, répondit Morcef, donnant autant que possible de la fermeté à sa voix et de l'assurance à son regard. Mais tu n'as pas l'intention, j'imagine, d'aller te présenter devant elle avec cette figure de spectre? Écoute, ami : je te demande quinze jours, — quinze jours d'obéissance et de repos absolu pour rétablir tes forces; puis nous irons ensemble trouver Sidonia, je t'en fais le serment devant Dieu.

François se laissa conduire comme un enfant. Tous les ressorts de son âme étaient brisés.

Le carrosse de Morcerf attendait aux portes de la Bastille.

Quand le malade y fut installé, le cocher, qui avait des ordres, monta le faubourg Saint-Antoine au galop, sortit de la ville, courut droit devant lui, traversa Saint-Mandé, puis Vincennes, s'engagea sous les grands arbres de la forêt royale et fit descendre nos deux amis, en moins d'une heure, au péristyle du chateau de Fontenay-sous-Bois, propriété charmante appartenant au père du vicomte, et où Du Boulay fut environné de tous les soins que réclamait son état de souffrance.

Morcerf échappait adroitement aux ques-

tions du malade et le trompait au besoin, quand elles devenaient trop pressantes.

Il ne le quittait pas d'une minute, couchait dans la même chambre et défendait à tout le monde, aux médecins, aux domestiques, de donner à François la moindre nouvelle de Paris.

Ceci n'empêchait pas le vicomte de se tenir lui-même au courant de ce qui s'y passait, en continuant de faire agir l'espèce de police secrète qu'il avait organisée.

Tous les deux jours, l'abbé d'Effiat, chargé d'être son intermédiaire auprès des hommes à

sa solde, venait à Fontenay-sous-Bois lui rendre des comptes.

Leurs entretiens avaient lieu pendant les heures où Du Boulay prenait du repos.

La gaîté de son hôte, cette inaltérable affection dont il lui donnait chaque jour des marques plus touchantes, l'air pur de la campagne, le bien-être et le sans-gêne de la vie de château, tout contribua puissamment à rendre à François la santé du corps. Bientôt les distractions de la promenade et de la chasse lui furent permises. L'âme seule restait souffrante ; mais le vicomte avait juré que la guérison serait complète.

Pour tirer son ami de l'espèce de torpeur morale où il était plongé, Morcerf gardait un remède aussi prompt que sûr : il savait que les ressorts émoussés de l'esprit ne se retrempent qu'au milieu de secousses énergiques.

— Tu n'as pas oublié sans doute, lui dit-il un jour, que tu as quelqu'un à tuer?

François tressaillit et pressa vivement la main du vicomte.

— Courcelles!... oui, tu as raison, murmura-t-il.

— L'opprobre d'un soufflet se lave avec du

sang : nous tâcherons, ami, que ce ne soit pas le tien qui l'efface.

— Oh ! le misérable persiste donc dans son indigne espoir, il veut toujours épouser Sidonia ?

— Tu l'interrogeras là-dessus toi-même et tu lui arracheras la réponse à la pointe de l'épée.

— Partons, courons trouver cet homme....

— Un instant, cher ami, patience ! Il est probable que tu n'as pas exercé sous les verrous tes médiocres talents en escrime, et je

ne t'ai pas rendu la vie pour qu'on aille te la reprendre. Allons, corbleu! voici des armes mouchetées! Ton bras est redevenu solide. Je vais t'apprendre une botte victorieuse, au moyen de laquelle tu pourras étendre sur le carreau tous les bretteurs les plus roués des quatre parties du monde.

Il prit un fleuret et tendit l'autre à François.

Celui-ci se mit en garde.

— Attention! cria le vicomte, faisant coup sur coup plusieurs passes sur son adversaire et l'obligeant à rompre. Bon! tu cherches à pa-

rer, ce me semble?... inutile, mon cher, inutile! Défends-toi le mieux possible, tu n'échapperas pas un seul coup... Touché quatre fois de suite, que penses-tu de cela?

— C'est prodigieux, la foudre est moins rapide.

— Je te le disais bien. Maintenant cherche à retenir la manière dont je procède : tu dégage en tierce ; tu te découvres, en attirant par cette feinte l'épée de ton ennemi..... Bravo !... j'aime un élève qui profite ainsi de mes leçons. Ferme à la parade, pousse de quarte, et tu frappes droit en pleine poitrine.

— Recommençons! cria Du Boulay.

— Non, cher ami, non; ménage ton ardeur. A demain la seconde leçon.

François exécuta bientôt ce coup d'escrime aussi habilement que son maître.

— A propos, lui dit Morcerf avec un air de complète indifférence, tu as souvent prononcé jusqu'ici le nom de l'illustre héritière des Lenoncourt, sans que j'aie jugé convenable d'entamer à cet égard un entretien soutenu. Voyons, c'est à mon tour de te questionner; je compte sur des réponses nettes et catégoriques : cette femme, l'aimes-tu toujours?

— Toujours, répondit François.

— Et si elle t'a trahi.

— C'est impossible. Ne sait-elle pas qu'à son amour est attachée mon existence?

— Trêve de divagations, je te prie, dit Morcerf. Je ne t'apprends rien, je ne te fais aucune révélation; nous parcourons simplement le champ des hypothèses. Réponds : si elle t'a trahi, que feras-tu?

— Je la tuerai.

— Fort bien. Et si elle est en position d'échapper à tes attaques?

— Alors, je me tuerai moi-même.

— J'attendais cela. Pourtant si je te démontre que Sidonia est indigne non-seulement de ton amour, mais encore de ta haine ?

— Oh ! tais-toi, tais-toi ! s'écria Du Boulay pâlissant.

— Si je te prouve qu'elle est digne tout au plus de ton mépris ?

— De mon mépris !

— Voyons, parle, te tueras-tu pour une femme qui ne mérite pas l'est'me d'un cœur honnête ?

Il y eut un moment d'effroyable silence,

pendant lequel tous les éclairs de la rage et toutes les sombres agitations du désespoir passèrent dans l'âme bouleversée de François.

— Mais parle donc! cria Morcerf, en lui secouant le bras. Je veux savoir enfin à quel homme j'ai donné le nom de frère; je veux apprendre de ta propre bouche si mon amitié n'est qu'une sottise, si mon dévouement n'est qu'une duperie!

— Le jour où tu me prouveras, sans doute possible, avec une pleine évidence, que je dois mépriser Sidonia, je te jure de vivre, dit Du Boulay, mais de vivre pour la vengeance.

— Alors, viens, ami, viens! Cette vengeance, je me charge de la diriger, moi, de la rendre terrible, implacable. Tes infortunes n'ont-elles pas été les miennes? Je châtierai sans miséricorde ceux qui nous auront fait souffrir.

Il l'entraîna.

Un attelage aux jambes nerveuses piaffait à la grille du château. Le vicomte et François montèrent en voiture.

— Ventre à terre! cria Morcerf : hôtel de Lenoncourt, près de l'Arsenal.

On partit avec la rapidité d'un vol d'oiseau.

M. le colonel des dragons n'avait pas encore jugé convenable de rejoindre son régiment dans les plaines de Flandre. Comme son illustre protecteur semblait fermer les yeux sur ce long congé pris sans autorisation, le complaisant époux de Sidonia, par un délicat échange de procédés, lui rendait la pareille et fermait les yeux à son tour.

Il se montrait rarement au salon, n'entrait jamais chez sa femme et passait en débauche les jours et la plus grande partie des nuits.

Du Boulay, suivi de Morcerf, pénétra brusquement à dix heures du matin dans la chambre, où monsieur le colonel, ronflant sur l'édredon, cuvait encore douze à quinze bou-

teilles de vin d'Espagne, qu'il avait absorbées, le soir précédent, pour ne rien perdre de ses nobles habitudes.

— Debout! crièrent nos deux amis en secouant l'ivrogne.

Il dormait tout habillé.

— Hein? balbutia Courcelles, ouvrant l'œil avec peine : vous me demandez si je veux boire?... toujours!... Remplissez mon verre.

— Allons, réveillons-nous et ne lanternons pas; le temps est précieux, dit Morcerf.

— Oh! oh! c'est toi, vicomte ?

— Moi-même... avec une ancienne connaissance du cabaret de la rue de l'Arbre-Sec, marquis.

Les yeux de Courcelles se tournèrent du côté de François avec hébétement et stupeur.

— Vous devez me reconnaître ? lui dit le jeune homme : je vous ai donné deux soufflets, il y a trois mois.

— Ah ! fort bien !... le petit parent de Comminges, monsieur Du Boulay ?... serviteur, monsieur, serviteur !

— Vous m'avez demandé réparation de cette

offense et nous devions nous rencontrer, le lendemain, sous l'hôtel de Nevers. Mais le roi m'a fait envoyer à la Bastille, vous l'avez appris sans doute. Je n'ai pu venir plutôt me mettre à vos ordres.

— Il ne fallait pas vous hâter, dit Courcelles. A présent vous n'êtes plus dangereux ; je puis me dispenser de vous couper la gorge. N'est-il pas vrai, cher vicomte ?

— Monsieur le marquis, répondit Morcerf avec gravité, en ôtant son feutre, j'ai l'honneur de vous déclarer en face qu'un homme de votre sorte n'a jamais été, ne sera jamais mon ami.

— Qu'est ce à dire ?

— Je vous ai dressé des embûches sans aucun scrupule, et dans l'intérêt exclusif de mon plus cher camarade, que voilà, continua Morcerf, en frappant sur l'épaule de François. Pour servir les gens qu'on aime on ne recule devant aucun sacrifice, on surmonte la répugnance, on affronte le dégoût. Voilà ce que j'ai fait, marquis, le jour où, pour la première fois, je vous ai tendu la main.

— Vicomte! hurla Courcelles, bondissant, malgré son peu de vergogne, sous cette froide insulte.

— Permettez, dit Morcerf : expédions d'a-

bord l'ancienne affaire; nous en aurons ensuite une nouvelle quand vous voudrez, où il vous plaira, comme vous le déciderez.

— Je vous attends, monsieur, dit Du Boulay au marquis.

— Alors, vous m'attendrez longtemps, répondit Courcelles; je refuse de me battre.

— La plaisanterie n'est pas de saison! cria François avec colère.

— Je refuse de me battre, répéta nettement l'ivrogne, dégrisé par la gravité de la circonstance. Un duel est une partie dont les

enjeux doivent être égaux : or, je suis colonel des dragons, vous êtes simple officier dans les gardes; je suis marquis, vous n'êtes qu'un hobereau de province...

— Monsieur!

— Ah! je conçois, vous avez envie de me tuer? Je vous ai pris une femme adorable, et vous conservez sur elle quelques espérances... Je vous gêne!

Du Boulay frémissant regarda Morcerf.

— Ami, c'est la première révélation, lui dit solennellement le vicomte, et ce ne sera pas

la dernière : Sidonia de Lenoncourt est aujourd'hui marquise de Courcelles.

François poussa un rugissement de lion.

— Et tu dis que tu ne te battras pas, misérable lâche? cria-t-il, en se précipitant sur son ennemi. Tiens, voilà pour toi!

Il lui cingla la joue de son gant de buffle et lui cracha au visage.

Courcelles devint livide comme un cadavre. Pendant près d'une minute, ces deux hommes se regardèrent avec des yeux injectés de sang;

leurs lèvres palpitaient sous les convulsions de la rage.

— Soit, je me battrai, sortons! cria le marquis.

Ils descendirent tous près de là dans les fossés de l'Arsenal.

On croisa le fer.

A la troisième passe, Courcelles fit entendre un blasphème de damné, bondit en arrière et, recevant aussitôt comme une répercussion intérieure, tomba la face sur l'herbe, qu'il mordit et rougit de son sang.

L'épée de François lui avait profondément pénétré dans la poitrine.

— Viens, ami, dit Morcerf : ce n'est là que le premier acte de notre vengeance.

XXX

En passant, ils dirent aux domestiques de l'hôtel de Lenoncourt d'aller relever leur maître.

Après avoir donné l'ordre à son cocher de

stationner du côté de la porte Saint-Antoine, Morcerf vint frapper avec François à la petite maison de d'Effiat.

L'abbé, prévenu, les attendait.

Ils pénétrèrent dans cette même chambre où, trois semaines auparavant, Louvois avait joué un rôle si chevaleresque.

Voici monsieur Du Boulay, l'abbé, dit Morcerf. Il vient vous serrer la main et vous remercier de la part que vous avez prise à sa délivrance. Nous avons affaire, et vous nous excuserez si notre visite est courte. Permettez-nous seulement de vous adresser deux ou trois questions.

— Très volontiers, vicomte.

— A qui aviez-vous loué cette chambre?

— Au duc de Villeroi.

— C'est l'oncle de celui que ton épée vient de punir, dit Morcerf à son ami : grave bien tout dans ta mémoire.

— J'écoute, murmura François.

— Le duc ne donnait-il pas ici un rendez-vous tous les soirs? reprit le vicomte, en s'adressant à d'Effiat.

— Oui, à une femme.

— Cette femme y est venue ?

— Elle y est venue.

— Son nom ?

— La marquise de Courcelles.

Du Boulay tressaillit et devint pâle comme un linceul.

—Ces rendez-vous, dit Morcerf, continuent-ils toujours ?

— Non. M. de Louvois a cru devoir brusquement les interrompre, répondit l'abbé.

— Dans quel but?

— Voici une lettre qui peut vous l'apprendre.

En même temps d'Effiat mit sous les yeux de François l'autographe du ministre, laissé dans cette même chambre, et donna des explications qui achevèrent de rendre la preuve accablante.

— Aujourd'hui, dit Morcerf, après avoir appartenu au duc, Sidonia de Lenoncourt appartient à Louvois.

— La malheureuse! cria Du Boulay.

—Ce n'est pas tout. Devine où est le premier amant de cette adorable personne, pendant que le second jouit de sa victoire?

— Où donc?

— A la Bastille ; elle y oublie le duc comme elle t'y a oublié. Viens!

Ils sortirent et remontèrent en carrosse à la porte Saint-Antoine.

— Chez le surintendant! cria Morcerf.

Les chevaux coururent dans la direction de l'hôtel de ville, suivirent la Seine et s'arrêtè-

rent, haletant et couverts d'écume, sur le quai de l'École, où se trouvait l'hôtel de la surintendance.

Colbert était chez lui.

— Monseigneur, dit le vicomte, nous venons éclairer votre conscience et vous empêcher de punir ceux qui n'ont jamais été vos ennemis.

— Parlez, messieurs, parlez, dit Colbert; je ne commettrai jamais sciemment une injustice.

— Alors, monseigneur il faut ouvrir au-

jourd'hui même à M. de Villeroi les portes de la Bastille.

— Soutiendrez-vous que le duc ne soit point coupable à mon égard?

— Nous le soutiendrons, et même nous avons l'espoir de le démontrer de la façon la plus victorieuse. Daignez, je vous prie, faire appeler messieurs de Maulevrier et de Ménars, dont la présence ne sera pas inutile à cette entrevue.

— Justement ils sont à l'hôtel, dit Colbert.

Il frappa sur un timbre.

Deux huissiers, décorés de la chaîne d'or, parurent au seuil du cabinet. Le ministre leur donna des ordres, et bientôt arrivèrent ceux dont Morcerf désirait la présence.

— Vous reconnaissez François Du Boulay, monsieur? demanda le vicomte, montrant son ami au frère du surintendant.

— Oui, murmura Maulevrier, dont le maintien trahissait l'embarras.

Il se rappelait les confidences de l'ex-enseigne au régiment de l'Orléanais, confidences qu'il avait si vainement tenté d'exploiter à son profit.

— Tranquillisez-vous, reprit Morcerf, nous ne venons vous adresser aucun reproche. Mon compagnon, vous et M. de Ménars vous avez ambitionné la même femme, vous avez été victimes des mêmes trahisons : donc, vous devez vous réunir dans la même vengeance.

— Nous sommes prêts, dit Maulevrier, regardant Ménars, qui lui répondit par un geste énergique.

Ils n'avaient ni l'un ni l'autre oublié leurs rancunes.

— Expliquez-vous, dit Colbert à Morcerf.

— Je m'explique, monseigneur, répondit celui-ci.

Alors, avec un calme que lui seul pouvait avoir dans la circonstance, avec une lucidité parfaite, sans rien exagérer, sans rien mettre en oubli, il analysa cette longue histoire des intrigues commencées à l'hôtel de Soissons et terminées à l'hôtel de Lenoncourt. Impossible de mettre en doute le moindre détail ; la lumière se faisait brusquement aux yeux du ministre et aux yeux de ses frères. En interrogeant leurs souvenirs et en les rapprochant du récit qu'ils venaient d'entendre, ils s'en voulaient de n'avoir pas eu plus de clairvoyance, et leur indignation contre Louvois, cet éternel ennemi de leur famille, n'eut plus de bornes.

C'était là que Morcerf les attendait.

— Le duc de Villeroi, dit-il, j'en suis témoin, voulait mettre obstacle à l'exécution de ce pacte indigne entre Courcelles et l'homme qui lui vendait son patronage. S'il a succombé, depuis, à des charmes trop dangereux, il faut en accuser la faiblesse de notre nature et non pas son honneur.

— Vous avez raison, dit Colbert. Sans plus de retard, je vais ordonner sa mise en liberté.

— Oui, reprit le vicomte, car il peut nous aider à châtier Louvois, à le châtier malgré sa puissance. Voulez-vous nous charger de ce soin, monseigneur ? Peut-être atteindrons-nous le but sans vous compromettre.

Par quel moyen ? demanda Colbert.

— Veuillez nous signer deux lignes, deux simples lignes, que j'ai cru devoir rédiger d'avance.

En même temps, Morcerf présentait un papier au ministre.

Le surintendant prit une plume, tourna son fauteuil vers un bureau placé à sa droite et signa le papier, sur lequel était écrite la phrase suivante :

« Ce que M. de Morcerf, avec quatre personnes à son choix, fera, ce jour même et pen-

dant la nuit qui va suivre, il l'aura fait par mes ordres, pour la moralité publique et le bien de l'État.

« Paris, 12 septembre 1663,

« COLBERT. »

— Est-ce là tout ? dit le ministre.

— Tout, monseigneur. Ceci est une garantie destinée à me couvrir moi et ceux qui me viendront en aide, au cas où mes prévisions seraient trompées. Néanmoins, ajouta Morcerf, je suis à peu près sûr de n'en point faire usage. On humiliera profondément votre ennemi et on l'épouvantera de telle sorte qu'il

n'osera pas songer à punir. Reste à savoir si messieurs Du Boulay, de Maulevrier et de Ménars consentiront à marcher à mes côtés et à m'appuyer avec énergie?

— Je le jure, dit François.

— Nous le jurons, dirent ensemble le frère et le beau-frère du surintendant.

— Bien, dit à ces derniers le vicomte, en quittant son siége. Occupez-vous, messieurs, de faire sortir de la Bastille le duc de Villeroi, et trouvez-vous, cette nuit, à onze heures précises, avec lui devant l'Arsenal. Nous devrons tous avoir un masque et un manteau de cou-

leur sombre : n'oubliez pas, je vous prie, la recommandation.

— Devant l'Arsenal, si tard? dit Colbert avec étonnement.

— Oui, monseigneur. L'Arsenal est voisin de l'hôtel de Lenoncourt, et nous aurons besoin de nous concerter en attendant M. de Louvois qui, tous les soirs, à une heure très-avancée, rend visite à madame de Courcelles.

— Oh! malheur, malheur à lui! s'écria François, quand ils eurent quitté le cabinet du surintendant.

— Pourquoi ne pas dire aussi : malheur à elle? demanda le vicomte.

— O mon Dieu, donnez-moi du courage! murmura le pauvre jeune homme, dont le cœur se brisait au milieu d'une lutte effroyable entre la haine et l'amour.

— Écoute, lui dit Morcerf, dans tout ce que nous avons fait depuis ce matin, comme dans tout ce qui se prépare, je suis un second toi-même, et je n'ai pas le droit d'avoir une autre volonté que la tienne. Méprises-tu cette femme?

— Je la méprise.

— Donc, tu n'attenteras pas à tes jours. Là-dessus j'ai ta parole, et je ne crains pas que tu y manques. A présent, il me reste une chose à te dire. Madame de Courcelles ne m'a point offensé, moi. Je la hais sans doute, mais parce qu'elle est cause de tes tortures, parce qu'elle n'a pas su juger ton cœur, parce qu'elle t'a lâchement trahi pour suivre la pente honteuse où devait s'accomplir sa perte. Si tu te sens la force de lui pardonner, dis-le. Ne nous vengeons pas : quittons le royaume, allons chercher l'oubli dans des voyages lointains. Mon amitié ne cessera qu'à la mort, et ma fortune nous la partagerons en frères. Parle, j'attends ta réponse.

— La vengeance! la vengeance! il me la faut,

tu me l'as promise! cria François avec égarement.

— Comme il te plaira, dit Morcerf.

Il se fit conduire à son logement de Paris, où l'attendaient deux hommes d'assez mauvaise mine, avec lesquels il eut quelques minutes d'entretien à voix basse et qu'il congédia, après leur avoir jeté de l'or.

— Ce sont les chefs de ma troupe d'espions, dit-il à François. Il y a ballet de sept à dix heures chez le ministre de la guerre. Si tu tiens à voir en quels termes Louvois et Sidonia sont ensemble, je puis te procurer cette satisfaction avant notre rendez-vous à l'Arsenal.

— J'accepte, répondit Du Boulay.

— Afin d'être plus libre avec sa maîtresse, continua Morcerf, et de sauver un peu les bienséances, car le marquis est au plus mal de ton coup d'épée, Louvois donne un bal travesti, comme si nous étions en plein carnaval. A son aise! il travaille pour nous.

Vers neuf heures du soir, cachés l'un et l'autre sous un déguisement, ils pénétrèrent à l'hôtel Louvois.

Les invités étaient nombreux.

S'informant à droite et à gauche, Morcerf

apprit bientôt que le ministre avait un costume espagnol. Il ne tarda pas à le trouver dans la foule.

Pendant l'intervalle d'un ballet à l'autre le vicomte prit Du Boulay par le bras et le conduisit derrière deux masques, dont il était facile d'entendre la conversation.

— Ainsi l'on n'a pu découvrir encore quel a été l'adversaire du marquis dans ce duel? disait un élégant *caballero*, qu'on eût pu croire tout fraîchement débarqué de Madrid.

— Non, monseigneur; c'est en vérité fort étrange, répondit une gracieuse Castillane,

dont la noire mantille faisait ressortir les blanches épaules.

Du Boulay sentit le frisson lui courir de la plante des pieds à la racine des cheveux.

Il venait de reconnaître l'accent de la femme qui faisait cette réponse.

— Et les médecins ont-ils de l'espoir? demanda l'Espagnol.

— Ils assurent qu'il en réchappera.

— Tant pis, chère belle.

— Cependant il ne nous gêne pas beaucoup, monseigneur.

— Sans doute, mais il n'en manifeste que plus d'exigences, et l'état de veuve, ma divine, vous siérait à ravir.

— Flatteur! dit la Castillane.

— Ainsi je puis également, cher ange, aller chez vous, ce soir?

— Vraiment oui. Qui le saura, personne.

— Oh! l'infâme! cria Du Boulay, serrant les poings et voulant courir aux deux interlocuteurs, que son exclamation fit retourner.

Morcerf l'entraîna, se perdit avec lui dans la foule et quitta l'hôtel au plus vite.

Ce n'était plus un désir de vengeance qui possédait François, c'était une fièvre, une rage, un délire, une exaltation frénétique, dont fut épouvanté son ami lui-même.

Le vicomte aurait voulu reculer, que Du Boulay l'eût contraint, le poignard sous la gorge, à tout poursuivre.

Ils gagnèrent l'Arsenal, où vinrent presque aussitôt les rejoindre Maulevrier, Ménars et le duc de Villeroi, que les premiers avaient fait sortir de la Bastille.

Là seulement François parut se calmer, laissant le rôle de la colère à l'oncle de Courcelles.

On venait d'apprendre à celui-ci les trahisons dont il était lui-même victime. Tout fut bientôt convenu, tout fut arrêté entre ces cinq hommes. Ils se couvrirent le visage d'un masque et se drapèrent dans leurs manteaux sombres.

Un roulement de carrosse annonça que madame de Courcelles rentrait.

Morcerf leur servit alors de guide.

Il tourna les murs du jardin de l'hôtel de Lenoncourt, jusqu'à une sorte de poterne, devant laquelle se trouvait un fossé profond, comblé récemment avec de la terre et des fascines.

— C'est ici que nous devons attendre, murmura-t-il, et nous n'attendrons pas longtemps. Mes renseignements sont exacts.

En effet, le bruit de la marche de quelqu'un se fit entendre dans le voisinage.

Un homme déboucha près du fossé, se préparant à le franchir et à gagner la poterne, lorsqu'il se vit entouré tout à coup de cinq fantômes noirs, se dressant à ses côtés dans l'ombre.

— Qui es-tu? où vas-tu? lui crièrent-ils.

Louvois sentit en même temps le canon

d'un pistolet s'appuyer sur son front. Reconnaissant l'impossibilité de se défendre contre cette attaque soudaine, il balbutia :

— Messieurs, prenez garde... Est-ce un guet-apens!

— C'est tout ce que tu voudras, dit Morcerf. Il y a trois balles dans ce pistolet : je te fais sauter le crâne, si tu refuses de répondre. Qui est-tu?

— Je suis le ministre de la guerre, dit Louvois, pensant intimider les auteurs de cette agression.

Mais il ne remarqua pas le moindre signe

de surprise ou de crainte chez tous ces hommes. Ils rendirent au contraire plus étroit le cercle où il était enfermé.

Le ministre les vit préparer des cordes.

— A présent, où vas-tu? demanda le vicomte, sans déranger l'arme, appuyée toujours sur la tempe de Louvois, et dont le contact glacé le faisait frissonner d'épouvante.

— Chez la marquise de Courcelles.

— Ah! ah! dit Morcerf, tu ne balances pas à la déshonorer pour sauver ta vie? Cela fait ton éloge et le sien.

— Mais, cria Louvois, c'est indigne ! vous vous comportez comme des lâches...

— Point d'injures. Éveille tes souvenirs, pose la main sur ta conscience, et tu comprendras que nous sommes moins des agresseurs que des juges.

— Alors vous-mêmes qui donc êtes-vous? murmura le ministre.

— Nous avons résolu de garder l'incognito, tu aurais demain trop beau jeu pour prendre ta revanche. Achève de me répondre : tu pénètres à l'hôtel de Lenoncourt par cette poterne?

— Oui, par cette poterne.

— A l'instant même il faut nous en donner la clé.

— Non, c'est impossible!...

— Tu la donneras, te dis-je, ou je lâche le coup.

— J'obéis, murmura le ministre, d'une voix suffoquée de terreur.

Il tendit la clé à Morcerf.

— Bien. Deux mots encore, et fais en sorte

de ne pas nous tromper, car nous allons te lier solidement les membres et te couvrir la bouche d'un bâillon. Si tes renseignements sont faux, à notre retour tu mourras : voilà qui est convenu. Où t'attend la marquise?

— Dans son boudoir.

— Quel chemin prends-tu pour y arriver? sois bref, je connais l'hôtel.

— Au bout de l'avenue de tilleuls, de l'autre côté du parterre, est la porte d'un escalier dérobé...

— Qui mène au boudoir de la dame. Tu as aussi la clé de cette porte?

— Elle est ouverte.

— Cela suffit.

Sur un signe du vicomte, M. de Louvois fut en un clin d'œil terrassé et lié par huit bras robustes. On le laissa étendu dans le fossé, après l'avoir mis dans l'impossibilité de faire un mouvement et de pousser un cri.

Morcerf ouvrit la poterne.

Ses compagnons entrèrent à sa suite dans le jardin de l'hôtel de Lenoncourt, où ils marchèrent à pas lents, avec précaution pour gagner l'escalier secret.

Revenue du bal et rentrée chez elle, Sidonia passait avec l'aide de sa femme de chambre un galant déshabillé, qui laissait à ses formes exquises toute leur souplesse et toute leur grâce.

Madame de Courcelles était souriante, heureuse, enivrée.

Ces fêtes royales auxquelles on l'invite chaque jour, ce tourbillon du plaisir où l'entraîne sa folle nature, cet hommage universel que sa coquetterie absorbe avec délice, tout se réunit pour lui ôter jusqu'au souvenir. C'est bien là cette cour qu'elle a rêvée, que son imagination de jeune fille lui montrait sous les

voûtes silencieuses du cloître! Elle y tient enfin le premier rang. Louis XIV a pour elle des prévenances charmantes, elle est devenue l'amie de madame Henriette. Glorieux de son amour, le ministre l'impose partout comme une reine. Chacun lui prodigue des marques de considération qui exaltent son orgueil et ne permettent même pas au remords de se glisser dans son âme, pour lui dire à quel prix elle achète cet enivrement, ces adorations, ces splendeurs.

Une fois sa toilette achevée, la marquise regarda la pendule, vit qu'il était près de minuit, congédia Rosine et resta seule, à demi couchée sur les soyeux coussins d'une ottomane.

Du bruit se fit entendre du côté de l'escalier.

Ménars entra, le masque sur le visage. Ses compagnons ne jugeaient pas à propos de se montrer encore. La jeune femme leva la tête et lui envoya son plus doux sourire.

— Pourquoi donc avoir gardé votre masque, monseigneur? dit-elle en lui présentant sa main blanche; la nuit est fort obscure, vous ne couriez aucun risque d'être reconnu.

Celui qu'elle accueillait si gracieusement la repoussa par un geste brutal et dit :

— Vous attendiez M. de Louvois, marquise? Il m'a cédé la place pour ce soir.

Elle se redressa, frémissante, éperdue.

— Oh ! n'appelez pas ! continua-t-on, dispensez-vous de sonner vos gens. Que vous importe ma visite ou celle d'un autre ?

— Une pareille insulte... misérable ! cria-t-elle en se précipitant vers lui.

— Madame, il n'y a dans cette maison, sachez-le, d'autre misérable que l'homme dont vous avez accepté la dégradante alliance, au mépris de l'offre que je vous avais faite de ma main.

Le beau-frère du surintendant ôta son mas-

que, se plaça durant quelques secondes sous le regard de la marquise épouvantée, puis alla se tenir debout comme un spectateur au fond du boudoir.

Un second personnage entrait.

— Au secours! à moi! cria Sidonia, pensant alors être en présence du ministre.

— Monseigneur ne viendra pas, vous l'attendez en vain, répondit Maulevrier d'une voix sombre.

Il se démasqua.

— Reconnaissez-vous, madame, celui que

le roi vous destinait pour époux? Vous avez préféré la laideur de l'âme à la laideur du visage, et Courcelles vous a vendue, et vous avez donné la sanction de vos caresses à ce marché d'opprobre.

Il passa lentement devant elle et vint se placer à côté de Ménars.

— Oh ! c'est horrible ! dit la marquise hors d'elle-même.

Elle courut vers une porte pour s'enfuir ; mais Villeroi démasqué atteignit le seuil avant elle et lui barra le passage.

— Vous, monsieur? murmura Sidonia, joi-

gnant les mains avec angoisse. Oh! je vous en conjure, soyez généreux, ne m'accablez pas...

— De la pitié, vous demandez de la pitié, madame! dit le duc, dont la voix tremblait d'indignation.

— Qui de nous est coupable de parjure, n'est-ce pas vous? murmura-t-elle, pâle, anéantie, glacée.

— Je vous ai trahie?... Mensonge!

— On m'en a donné la preuve, et madame de Monaco...

— Silence! n'essayez pas une justification

hypocrite. C'est la princesse que je trahissais pour vous.

— Mais je vous ai écrit, monsieur le duc, et mes lettres...

— Sont restées sans réponse, interrompit Villeroi, parce que vous avez eu soin de ne pas me les adresser à la Bastille, où vous me laissiez captif pour être plus libre.

— A la Bastille? je vous jure que j'ignorais...

— Ce n'était pas une raison pour accueillir Louvois, pour vous déshonorer publiquement

aux yeux de la ville et de la cour. Après avoir eu le témoignage de votre honte, je devais vous donner, madame, celui de ma haine et de mon mépris.

Il passa comme les autres, en la souffletant de ces mots cruels.

François s'approchait, suivi de Morcerf.

Sidonia retomba sur l'ottomane, poussant une exclamation de désespoir, et se demandant quels pouvaient être les deux nouveaux ennemis qui allaient continuer cette scène effrayante.

Le vicomte et Du Boulay se démasquèrent ensemble.

— Grand Dieu!... Non! non! c'est impossible! cria-t-elle, se redressant aussitôt par une sorte de bond galvanique. Lui!... Bonté divine! je suis perdue!... Seigneur! Seigneur! ne m'abandonnez pas!

— Je vous avais annoncé, madame, que le châtiment serait terrible, dit Morcerf avec une émotion dont il ne fut pas le maître.

— Miséricorde! pitié! murmura la marquise, tombant aux genoux de Du Boulay. C'en est trop! Je suis coupable, c'est vrai, plus coupable envers vous qu'envers tous les autres... Mais tuez-moi! n'achevez pas de m'outrager et de me maudire!

Voyant prosternée devant lui cette femme qu'il avait tant aimée, retrouvant dans la flétrissure et la honte cette gracieuse image de ses rêves, qu'il entourait d'une si douce auréole d'espérance et d'amour, le jeune homme sentit son cœur se fendre.

Une larme brûlante souleva sa paupière.

— Hélas! dit-il, hélas! à quel degré d'abaissement avez-vous donc pu descendre? J'étais amené près de vous par les plus violentes inspirations de la haine, et ma haine s'éteint, mes souvenirs vous protègent; il ne reste plus au fond de mon âme que le regret de vous avoir perdue...

— O François ! François ! s'écria-t-elle en soulevant vers lui ses mains palpitantes.

— Non, je ne me vengerai pas, madame ; je vous épargnerai l'outrage ; car de tous ceux dont la colère vous frappe, je suis le seul qui vous ait véritablement et saintement aimée !

— En effet, répondit Sidonia avec égarement, je me souviens... on m'a tendu des pièges indignes... Oh ! si tu savais de quelles ruses infernales, de quelles trames ténébreuses ils ont enveloppé ma vie, tu ne me refuserais pas indulgence et pardon... ni vous non plus, messieurs !... car j'étais une pauvre jeune fille sans appui, sans expérience du

monde. Ils se sont tous ligués pour me perdre. Autour de moi, partout, dans cette maison même, ils ont dressé sous mes pas des embûches sans nombre ; ils ont couvert de fleurs le chemin qui me conduisait à l'abîme. O mon Dieu! mon Dieu! je comprends enfin mon aveuglement, ma folie... Je t'aimais, François, oui, je le jure! Mais c'est la fatalité qui est venue se placer entre nous. A présent que tu es là, je sors d'un rêve ; le voile se déchire, ton regard chasse les ténèbres amassées sur mon cœur... Oh! oui, je t'aime encore!

— Taisez-vous! taisez vous! dit le jeune homme, épouvanté de cet aveu et de l'écho qu'il éveillait en lui.

Sidonia faisait résonner dans le désespoir des cordes si sympathiques, elle était si belle, si touchante, qu'il se sentait entraîné, séduit, porté vers elle par tous les élans de son âme.

Il leva les yeux et rencontra le regard de Morcerf.

— Non! cria-t-il avec effort, non! les souvenirs du passé ne peuvent me donner l'oubli de l'heure présente, et je ne dois pas, madame, écouter de semblables discours.

— Oh! François, il est impossible que tu me haïsses!... Mon Dieu, que lui dire?... Je le répète, toutes mes fautes, tous mes crimes sont l'œuvre de la fatalité.

— En effet, j'en conviens, Sidonia, vous avez été le triste jouet d'une cour corrompue.

— Alors, pourquoi ne me pardonnerais-tu pas?

— Si mon pardon peut vous obtenir le pardon du ciel, pauvre femme, soyez pardonnée!

— Oh! merci! merci! cria-t-elle avec un accent de joie suprême, en portant à ses lèvres la main de Du Boulay. Maintenant nous sommes sauvés. Écoute... je prendrai la fuite, nous partirons ensemble...

François vit tressaillir tous les témoins de

cette scène, et le rouge lui monta violemment au visage.

— Arrêtez ! cria-t-il frémissant, ne tentez pas Dieu ! Prenez garde de réveiller en moi un autre sentiment que celui de l'amour. Tout est fini entre nous.

— Non, te dis-je, non ! Loin de la France, en pays étranger, nous oublierons de funestes souvenirs, nous pouvons encore être heureux...

— Mais vous tairez-vous, enfin ! dit le jeune homme, qui lui saisit le bras avec force. N'ai-je pas eu assez de tortures, et me croyez-vous

à ce point méprisable que je me résigne à couvrir votre honte de mon manteau?

— Grâce! murmura-t-elle d'une voix déchirante.

— Laissez-moi, madame, laissez-moi! Si je suis assez faible pour m'émouvoir à votre aspect, l'honneur est trop puissant pour ne pas me défendre et pour ne pas vaincre un reste d'amour. Moi fuir avec vous? moi chercher du bonheur dans vos caresses, en prendre ma part après tous les autres... Ignominie!... Vous venez d'étouffer dans mon âme jusqu'au sentiment de la compassion. Adieu, madame, adieu pour jamais!

Il s'élança hors de la chambre.

Ses compagnons repassèrent devant la marquise, toujours agenouillée. Aucun d'eux n'eut le courage de lui porter le dernier coup.

Villeroi prit la parole au nom de tous.

—Pauvre malheureuse femme! dit-il; vous le voyez, la colère est aveugle, même dans les plus nobles cœurs. Elle frappe sans trêve et sans merci. Nous ne chercherons pas à excuser notre démarche; mais nous vous promettons de garder sur tout ce qui vient d'avoir lieu le secret le plus inviolable et de vous épargner une humiliation publique. Poussés l'un et

l'autre par un sentiment de haine irréfléchi, nous avons trop oublié peut-être que vous êtes femme et que nous sommes gentilshommes : il est toujours temps de nous en souvenir.

Ils la saluèrent profondément et quittèrent la chambre à leur tour.

Au seuil de la poterne, ils retrouvèrent Louvois, dont les efforts désespérés n'avaient pu rompre les cordes nouées à ses membres.

Fou de désespoir et de douleur, Du Boulay poussa violemment du pied l'homme qui lui avait pris toutes ses joies en ce monde, et

murmura, d'une voix à faire passer dans les veines du ministre un frison mortel :

— Nous sommes cinq, tous liés par un serment irrévocable. Tu ne connais aucun de nous et chacun de nous te connaît. Si tu oses revoir cette femme, si tu lui adresses une seule parole à l'avenir, si tu reçois une seule de ses lettres, nous saurons t'atteindre l'un après l'autre ou tous ensemble, et nous te poignarderons, fût-ce au pied du trône.

— Tu entends? dit Morcerf. Bonne nuit! Te délivre qui pourra! . . . .
. . . .
. . . .

Le lendemain, madame de Courcelles, en

proie à une fièvre ardente, était entourée de médecins qui ne lui donnaient pas deux jours à vivre.

Néanmoins la nature triompha du mal et démentit les prédictions de la science.

A la première promenade de la marquise dans les avenues du Cours-la-Reine, aucun de ses amis du Louvre ne parut la reconnaître. M. de Louvois passa près d'elle sans la saluer.

Il ne lui avait fait aucune visite durant sa maladie.

En réfléchissant aux diverses inimitiés sou-

levées contre lui par la persévérance presque satanique de sa passion pour Sidonia, le ministre eut, au besoin, nommé les cinq personnages dont il avait reçu de si graves offenses ; mais l'amour-propre, sinon la crainte, l'empêcha de publier son affront.

Louvois chassa honteusement madame de Champlais, lorsqu'elle vint réclamer le tabouret de duchesse.

Morcerf décida Du Boulay à s'expatrier, et M. le colonel des dragons eut la chance de guérir de sa blessure.

Quant à la triste femme, si cruellement

châtiée pour les intrigues et les vices de autres, elle abandonna tout, sa maison, sa fortune, pour aller s'ensevelir dans ce même cloître, où quelques mois auparavant, un ordre de Louis XIV avait été la prendre.

Du fond de l'abîme de douleur et d'infortune où elle était plongée, Sidonia ne vit plus d'espoir que dans la tendresse de sa tante et la miséricorde de Dieu.

FIN.

CARLE VANLOO

I

La guerre de la succession d'Autriche durait déjà depuis dix ans. Elle menaçait de ne point finir, lorsque le comte Maurice de Saxe jeta tout à coup sa lourde épée dans la balance et fit pencher pour nous la fortune.

Ayant reçu de Louis XV le bâton de maréchal, il s'empare de Prague et d'Agra, chasse les Impériaux de l'Alsace, les tient en échec dans les Flandres, gagne la bataille de Fontenoy et se fait ouvrir les portes de Bruxelles, où il se décide à prendre ses quartiers d'hiver.

On loge le maréchal à l'Hôtel-de-Ville.

Bientôt Maurice de Saxe est adoré des Flamands. Il donne le signal des fêtes et des plaisirs.

Un valet de chambre expérimenté s'efforce de métamorphoser le soldat en Adonis, beso-

gne difficile, car le héros de Fontenoy touche à la cinquantaine. Des essences précieuses réussissent néanmoins à rendre une fraîcheur artificielle à un teint noirci par le soleil et la poudre, et, sous le brillant costume qui, dans les salons de Versailles, lui a valu tant de coups d'œil assassins et tant de sourires, Maurice de Saxe papillonne autour des blondes Flamandes.

Nouveau sultan, il s'apprête à jeter le mouchoir.

En Flandre, comme en Italie, les femmes avaient coutume, à cette époque, de se choisir un sigisbée, sorte de protecteur chargé de les accompagner au bal et au spectacle.

L'œil exercé du maréchal distingua bientôt, parmi les dames invitées à ses fêtes, celle qui méritait le plus ses hommages.

Il devint le sigisbée de la comtesse Emmeline de Brabant.

Emmeline avait pour époux le frère du bourgmestre, personnage très-vieux, très-goutteux, à demi paralytique et membre du conseil de ville.

Maurice de Saxe admirait les grands yeux d'azur, la chevelure soyeuse et la taille élégante de la jeune comtesse. Le ton dégagé d'Emmeline, son goût pour les fêtes, son en-

traînement à la danse, tout faisait croire à une conquête facile. D'ailleurs, le maréchal pensait que la belle-sœur du bourgmestre ne devait point raffoler de son époux septuagénaire.

Bientôt il s'aperçut qu'il avait caressé de trompeuses espérances.

En vain ses magnifiques équipages, que vingt felouques lui avaient amenés par Ostende, sortaient chaque matin de l'Hôtel-de-Ville pour aller prendre les ordres de la comtesse; en vain son valet de chambre glissait une multitude de poulets dans les interstices d'un bouquet de fleurs ou sous des nœuds de rubans sortis du magasin de la bonne fai-

seuse, le maréchal en était pour ses fleurs, ses rubans et son éloquence.

Il devint jaloux et, ne s'expliquant le peu de succès de ses galanteries que par la préférence accordée sans doute à un rival plus heureux, il chargea des espions de rôder nuit et jour aux environs de la demeure d'Emmeline.

Un soir, à la nuit close, Maurice de Saxe prend un costume de bourgeois pour sortir de l'Hôtel-de-Ville et voir si l'on exécute ses ordres.

Toutes les rues sont désertes ; le voisinage

de la maison d'Emmeline est plus désert encore et plus silencieux que les quartiers d'alentour. Sans doute les espions s'enivrent dans quelque taverne aux dépens du maréchal, afin de ne pas gagner un rhume à la belle étoile.

Maurice lui-même trouve que c'est une médiocre jouissance de battre le pavé par un temps de neige et par une bise glaciale. Il se dispose à rentrer chez lui, quand tout à coup il aperçoit un homme appuyé contre l'angle de la maison qu'il fait surveiller.

S'approchant aussitôt, le maréchal peut aisément reconnaître que cet homme n'appartient point à sa police secrète. Il tressaille

en voyant l'inconnu tourné vers la fenêtre d'Emmeline.

— Par là corbleu! vous allez vous battre avec moi! s'écrie-t-il. En garde !

Sans autre préambule, il tire son épée.

L'homme fait volte-face, se drape dans son manteau, toise fièrement celui qui l'apostrophe et répond :

— Si tu es un voleur, tu n'as pas de chance : je viens de donner ma dernière pistole à deux faquins dont la présence me gênait dans cette

rue. Crois-moi, l'ami, va chercher fortune ailleurs.

— Insolent !

— Oh! oh!... Qui donc êtes-vous, pour le prendre sur un pareil ton ?

— Je te le répète, en garde !

— Il est fâcheux que je n'aie pas d'autre arme que cet instrument, dit avec ironie l'inconnu, qui se baissa pour ramasser une guitare appuyée contre le mur, sans quoi j'aurais volontiers mesuré ma lame à celle du maréchal de Saxe.

Entendant prononcer son nom, Maurice fut un instant déconcerté.

Dans son transport jaloux, il ne s'était pas aperçu que la fenêtre devant laquelle il avait trouvé son rival en contemplation laissait échapper une faible clarté qui venait de trahir le grand seigneur sous les habits du bourgeois. Il examina plus attentivement le personnage qui parlait avec tant de hardiesse, lui trouva grande mine, et dit avec bienveillance, après avoir remis son épée au fourreau :

— Qui êtes-vous, jeune homme ?... Touchez là !... Nous pouvons avoir ensemble une autre explication que celle des armes.

L'étranger repoussa la main que le maréchal lui tendait.

— Vous cherchez à séduire une femme que j'aime, monseigneur, répondit-il, toujours avec un accent ironique. Sans aucun doute vous l'emporterez sur moi, car depuis deux ans mes regards seuls ont dit à Emmeline que je l'adore. Elle me connaît à peine, moi, pauvre artiste qui la contemple de loin avec extase ; elle ne se doute pas qu'un homme caché sous la colonnade des palais soupire et pleure quand il la voit, resplendissante de pierreries, se mêler au tourbillon des fêtes, écouter les propos vides et les fades compliments de ces mannequins dorés...

— Vous vous oubliez, monsieur; veillez à vos paroles, interrompit Maurice de Saxe.

— De ces hommes qui n'ont rien là, poursuivit l'inconnu en frappant sa poitrine. Oh ! je vous connais, monseigneur ! Je suis peintre ; j'ai travaillé à Rome et à Paris, sous l'œil des maîtres. Il m'est arrivé plus d'une fois de vous rencontrer à Versailles, à Saint-Germain, à Marly, sous les allées des parcs royaux où vous aimiez à égarer les duchesses, ce qui ne vous empêchait pas de courir les rues avec un déguisement pareil à celui que vous portez ce soir pour séduire des bourgeoises.

— Assez, mon cher, assez ! dit le maréchal,

haussant les épaules ; il n'est pas un enfant de sept ans en Europe qui n'en sache autant que vous là-dessus. D'ailleurs, le temps et le lieu son fort mal choisis pour continuer cet entretien. Veuillez m'accompagner chez moi, nous causerons plus à l'aise.

Le peintre suivit Maurice de Saxe, qui ne tarda pas à l'introduire dans les splendides appartements de l'Hôtel-de-Ville.

Monseigneur sonna ses gens, se fit coiffer de nuit, et vint s'asseoir en robe de chambre à quelque distance de son rival. Celui-ci avait souri de pitié en voyant le vainqueur des Impériaux se livrer gravement à de minutieux détails de toilette.

C'était un homme d'une trentaine d'années environ, dont le costume sévère, dégagé des futiles ornements que la mode attachait aux habits de cour, faisait ressortir une taille majestueuse et bien prise. Son visage avait la pâleur mate des peuples méridionaux. La régularité de ses traits et la noblesse de sa tournure n'échappèrent point au maréchal, qui fit une légère grimace, tout en réfléchissant à part lui qu'Emmeline devait être flattée d'avoir pour adorateur un cavalier si parfait.

— Monseigneur, dit le peintre, je dois vous dire mon nom, puisque vous daignez m'admettre dans votre palais : je m'appelle Carle Vanloo.

— Ah! fort bien. Je vous connaissais de réputation, monsieur. Beaucoup de personnes en France font l'éloge de votre talent. Mais il ne s'agit pas de cela pour l'heure. Nous aimons tous les deux une femme charmante.

— Pardon, monsieur le maréchal : de votre côté ce n'est qu'un caprice.

— Croyez-vous?

— Si la comtesse vous cède, elle y gagnera l'honneur de figurer sur la liste de vos nombreuses conquêtes, honneur que je vous laisse apprécier vous-même.

— Ainsi, monsieur, selon vous, elle s'ho-

norera davantage en vous préférant à moi?

— Une femme se déshonore beaucoup moins en partageant un véritable amour, qu'en se jetant aux bras d'un séducteur qui lui laisse le regret d'avoir été trompée.

— Vos discours sont mordants et votre logique est rude, monsieur, dit Maurice, admirant malgré lui le courageux langage de son interlocuteur. Mais enfin, quelle conduite pensez-vous que je doive tenir en cette occasion?

— Faut-il l'indiquer au maréchal de Saxe, qui me provoquait tout à l'heure?

— Nous battre? toutes réflexions faites, ce serait un parti peu sage pour vous comme pour moi : pour vous, qui êtes plus habile sans doute à manier le pinceau que l'épée : pour moi, dont la mission n'est pas remplie. Vous savez, monsieur, que les intérêts de la Flandre demandent encore le secours de mon bras. Trouvons un autre genre d'accommodement qu'un duel. D'abord, je serais au désespoir de vous tuer.

Convaincu que le maréchal raillait, Carle Vanloo se leva tout à coup, pâle, frémissant, l'œil allumé par la colère.

— Pourtant, cria-t-il, me tuer serait le plus

court! Si vous persistez à séduire celle que j'aime, tôt ou tard j'obtiendrai la satisfaction que vous me refusez aujourd'hui, monseigneur. Dussent toutes les Flandres subir de nouveau le joug de l'Autriche, je trouverai moyen de sauver Emmeline de la honte d'amuser vos loisirs !

— Ainsi vous m'assassineriez? demanda le maréchal avec beaucoup de sang-froid.

— Je vous assassinerais, monseigneur.

— Diable !

— C'est mon droit, dès que vous refusez de vous battre.

— Allons, allons, jeune homme, n'essayez pas de me pousser à bout! Longtemps avant que vous fussiez né, j'avais fait mes preuves.

— Vous refusez le combat, parce que vous me jugez un adversaire indigne de vous! s'écria le peintre avec une exaltation croissante. Apprenez que les beaux-arts, auxquels j'ai voué ma vie, donnent aussi les titres de noblesse ; je suis noble, je suis votre égal !

— Le maréchal de Saxe n'aborde jamais de semblables discussions, monsieur.

— Toujours est-il, ajouta Carle, que vous ferez bien de vous tenir à l'abri de ma vengeance.

— J'ai l'habitude de braver tout ce qui ressemble à une menace. Renoncez à votre système d'intimidation. Je ne me battrai pas, je continuerai de poursuivre de mes galanteries la belle-sœur du bourgmestre, et si vous refusez de me tendre la main lorsque vous aurez entendu ce qu'il me reste à vous dire, je vous fais enfermer à l'hôpital des fous.

Ces mots prononcés d'un ton railleur achevèrent de convaincre Vanloo qu'il était victime d'une mystification.

Il s'élança, rapide comme l'éclair, vers une épée suspendue près de là ; mais Maurice de Saxe, qui prudemment avait gardé la sienne sous sa robe de chambre, attendit de pied

ferme, et, par une adroite manœuvre, fit sauter au plafond l'arme du peintre.

— Vous n'êtes pas de force, jeune homme, dit-il. Revenez vous asseoir, et écoutez-moi.

Carle tomba sur un fauteuil en poussant une exclamation désespérée.

— Je vous propose une autre sorte de duel, poursuivit Maurice. Nous aimons la même femme : que chacun de nous s'efforce de lui plaire. Celui qui réussira le premier sera tenu d'en fournir la preuve à l'autre, afin de l'engager à renoncer à une partie perdue. Attaquons la place chacun de notre côté; que nos forces soient

égales. Pour cela je vous offre ma bourse et je prends l'engagement d'honneur de vous faire inviter à toutes les réunions où se trouvera la dame en litige. Eh bien, qu'en dites-vous? suis-je un rival généreux?

— Monseigneur, dit Carle, dont la voix tremblait d'espérance et de crainte, vous avez dû comprendre que j'aimais sincèrement Emmeline. Ce serait une chose odieuse de vous jouer de cet amour.

— Ah çà! quel homme êtes-vous donc? s'écria le maréchal, blessé de la défiance qu'on lui témoignait. Je vous offre d'entrer dans une lice où vous aurez tous les avantages. Que

diable, monsieur, j'ai cinquante ans et vous n'en avez pas trente ; vos cheveux sont noirs et les miens grisonnent! Il serait plus généreux de ma part, j'en conviens, de renoncer à cette conquête ; mais, en vérité, je ne le puis. Ma réputation vis-à-vis du beau sexe serait compromise. En résumé, je vous laisse une assez jolie chance. Sommes-nous enfin d'accord?

La proposition parut tellement originale à Vanloo, qu'il oublia sa colère et ne put s'empêcher de sourire, en prenant la main que Maurice de Saxe lui offrait avec une cordialité pleine de franchise.

— J'accepte, monseigneur, dit-il.

— A l'œuvre donc! s'écria le maréchal. Vous toucherez trois mille livres par mois pour vos frais de représentation ; voici d'avance trois rouleaux d'or. Demain je donne une fête, et toutes les portes de l'Hôtel-de-Ville vous seront ouvertes. Ah! j'oubliais! s'il arrive que je sois obligé de m'absenter comme général, il y aura, dès lors, suspension d'armes, et vous m'accompagnerez, sans quoi vous auriez trop beau jeu. Il faut de la justice!

Les clauses de ce pacte étrange une fois arrêtées, nos deux rivaux se séparèrent.

II

Dans la soirée du lendemain, les fenêtres de l'Hôtel-de-Ville resplendissaient de clarté.

Carle Vanloo, debout près de la porte du premier salon, regardait entrer les nobles

Flamandes et tremblait de ne pas voir paraître celle dont il allait dorénavant partager les plaisirs. Un caprice de Maurice de Saxe le poussait dans ce monde inconnu, dont il avait maudit les joies enivrantes, ce monde de parfums et de fleurs où vivait Emmeline. Reconnaîtra-t-elle, hélas! le timide artiste qui n'a jamais osé lui déclarer son amour?

A tout hasard, Carle roulait entre ses doigts un papier presque imperceptible, lorsque la comtesse de Brabant fit son entrée dans les salons au bras du bourgmestre.

La jeune femme ne put réprimer un tressaillement de surprise à la vue de celui qu'elle

rencontrait partout sur ses pas et dont elle connaissait la passion muette. Émue et rougissante, elle essaya de s'éclipser dans la foule pour échapper aux yeux noirs de Carle qui l'inondaient de regards brûlants.

Ce trouble fut remarqué de l'heureux artiste. Le bonheur fait naître la hardiesse. Vanloo rejoignit Emmeline et l'invita pour le plus prochain ballet. La comtesse avait à peine accueilli cette invitation que Maurice de Saxe arriva, juste pour être témoin de la première victoire de Carle.

— Vive Dieu! dit-il à l'oreille du peintre, vous anticipez sur mes droits de sigisbée.

— Comment cela, monseigneur? Nos conventions me le défendaient-elles?

— Non, je l'avoue... Dansez!... Mais c'est une guerre à outrance, je vous le déclare.

Vanloo se perdit avec Emmeline au milieu d'un éblouissant tourbillon de lumière et de soie. Pendant la danse, un magnifique bouquet de roses s'étant détaché de la ceinture de la comtesse, Carle, par un mouvement rapide, glissa son billet au milieu des fleurs, seconde victoire dont le maréchal ne se doutait guère, en comparant, quelques minutes après, les joues d'Emmeline à la plus fraîche de ces roses.

Maurice de Saxe dansait à son tour avec cette femme adorée et prenait des allures de lovelace qui ne laissaient pas que d'inspirer à l'artiste de vives inquiétudes.

En ce moment, il entendit une voix semi-masculine prononcer à ses côtés le nom du vainqueur de Fontenoy.

Il se retourna et reconnut la femme d'un noble, à la table duquel il était parfois admis en considération de son talent.

Madame de Weimar, comme beaucoup de vieilles femmes, prenait plaisir à faire passer sous les fourches caudines de la médisance

tous ceux que le mouvement du bal amenait devant ses yeux. Le général français n'était point à l'abri de sa critique. Remarquant les assiduités de Maurice de Saxe auprès de la belle-sœur du bourgmestre, elle s'écria :

— Quel scandale! Voyez un peu ce damoiseau de cinquante ans qui papillonne aux côtés de la plus jolie femme de Bruxelles.

Une idée traversa le cerveau du peintre.

— Pourquoi pas? se dit-il à lui-même, la ruse de guerre doit être permise.

Il aborda madame de Weimar.

— Vous ici, Carle! dit la vieille femme avec étonnement. Connaissez-vous donc le maréchal, qu'il vous invite à ses fêtes?

— Je suis au mieux avec lui, madame.

— Et vous souffrez qu'il vous enlève Emmeline! Si j'ai bien compris vos réticences, la dernière fois que vous dîniez avec nous, la comtesse est l'objet de vos secrets hommages.

— Hélas! madame, puis-je lutter contre Maurice de Saxe?

— C'est juste, vous ne seriez pas de force :

les rides de cet homme sont un invincible talisman contre lequel ne peuvent résister les cœurs.

— Mais cette auréole de gloire qui l'entoure, la comptez-vous pour rien?

— Sans doute, sans doute, c'est quelque chose! N'importe, vous sacrifiez votre bonheur avec une facilité...

— Ah! madame, si vous consentiez à me venir en aide! Seule, vous pourriez empêcher la séduction d'Emmeline.

— Parlez. S'agit-il de jouer un tour au séducteur?

— Oui, madame, un excellent tour.

— Comptez sur moi! s'écria la vieille Flamande.

Vanloo raconta sa rencontre nocturne avec le général français, le pacte singulier qui existait entre eux, et termina par faire à voix très-basse à madame de Weimar une proposition qu'elle accueillit avec un joyeux éclat de rire.

— Soit dit-elle. Je suis d'un âge où les plus grandes folies ne compromettent plus une femme. Du moins, en cas de danger, serez-vous là, Carle ?

— J'ai le droit d'être spectateur invisible. Si vous me signalez un péril, je serai prêt à vous défendre.

Vanloo se hâta de quitter madame de Weimar, pour que son rival n'eût aucun soupçon de la trame qui se préparait.

A la fin du bal, Maurice de Saxe, tirant le peintre à l'écart, lui dit avec un ton de pitié comique :

— Ma foi, mon cher, il faut convenir que vous n'êtes pas un antagoniste bien redoutable ! Vous me soufflez une première danse, et, satisfait d'un aussi mince avantage, vous me

laissez le terrain libre, vous vous endormez sous vos lauriers! Allons donc! le succès me sera par trop facile! Déjà la place est sur le point de capituler. Mais je ne veux pas abuser de votre inexpérience. Un courrier m'annonce que les Impériaux, sous la conduite du duc de Cumberland, ont eu l'audace de revenir jusqu'à Laufeld. Nous irons demain les en chasser. Peut-être, à notre retour, saurez-vous dresser un plan d'attaque.

Carle jeta les yeux sur Emmeline.

Voyant que le bouquet de roses n'avait pas quitté la ceinture de la charmante comtesse, il répondit au maréchal :

— Attendons la fin de la partie, monseigneur.

— Présomptueux ! dit Maurice de Saxe.

III

Trois jours après cette fête, dont les deux rivaux sortirent avec l'espérance, le maréchal, qui, d'après les conventions jurées, s'était fait accompagner du peintre dans l'expédition de

Laufeld, rentrait à Bruxelles au milieu des cris d'enthousiasme de toute la ville. Ses troupes avaient battu celles de Cumberland ; il ramenait un grand nombre de prisonniers, des munitions et de l'artillerie.

Ce fut un véritable triomphe.

Penchées aux balcons, les dames de Bruxelles faisaient pleuvoir sur lui des couronnes de fleurs, et son éloge était dans toutes les bouches.

— Vrai Dieu ! dit Maurice à Vanloo, qui rentrait à sa suite à l'Hôtel-de-Ville, rien ne manquerait plus à ma gloire si j'avais un ren-

dez-vous de la comtesse, n'est-il pas vrai, Carle ? Je triompherais doublement en un jour.

— En effet, monseigneur ; mais il vous est plus facile de battre les Impériaux que de vaincre la résistance d'une femme vertueuse.

— Il n'en démordra pas! cria le maréchal. Jamais homme ne s'est égaré plus complétement dans les sentiers de la présomption. Tenez, mon cher, voici ce qu'un messager d'Emmeline vient de me glisser au milieu de la foule :

« Lorsque tout plie devant vous, aimable

vainqueur, une pauvre femme peut-elle vous résister? Je ne retarde plus ma défaite; mais épargnez ma timidité, ma pudeur : je vous demande en grâce le silence et l'ombre. Ce soir, à minuit, une de mes suivantes m'accompagnera jusqu'à la porte secrète du palais. »

— Eh bien! dit le maréchal en repliant la lettre, vous reste-t-il encore des doutes?

— Je n'ai point vu de signature, monseigneur, murmura le peintre avec une attitude consternée. Peut-être ce billet ne vient-il pas de la comtesse.

— Et d'où voulez-vous qu'il vienne? du dia-

ble? s'écria Maurice de Saxe. Vous êtes un homme incorrigible.

— Il me faudra d'autres preuves, monseigneur.

— Vous en aurez, par la sambleu!... Là, voyons, mon cher, ne faites pas une mine aussi piteuse! Cette volage comtesse ne méritait pas un amour comme le vôtre. Oh! les femmes! les femmes! quand cesserai-je de leur faire tourner la tête? Il faut vous en prendre à mon étoile. Maudite étoile!

A la fin de cette algarade astrologique, Maurice de Saxe permit à Vanloo de se ca-

cher, quand sonnerait l'heure du rendez-vous, dans un cabinet voisin de la pièce où devait être reçue la beauté mystérieuse. Puis, comme le peintre objectait que la dame réclamant l'ombre et le silence, il lui serait impossible de la reconnaître :

— Bah! fit le maréchal, je ne tiendrai pas compte de ce caprice, et j'aurai soin qu'un valet de chambre étourdi m'apporte des flambeaux. Le cabinet est vitré, les preuves de ma victoire seront sous vos yeux.

Carle baissa la tête en signe d'assentiment.

Lorsque la pendule du salon lui eut montré

les deux aiguilles d'or réunies sur l'heure fatale, il se dirigea vers le cabinet avec l'air abattu d'un condamné qui marche au supplice.

Pendant cet intervalle, le vainqueur des Impériaux descendit un escalier dérobé, puis rentra quelques minutes après, conduisant au milieu des ténèbres une personne silencieuse, dont il sentait la main trembler dans la sienne.

Il tira le cordon d'une sonnette; des flambeaux arrivèrent.

— Hélas! ils venaient détruire une douce illusion! Le galant maréchal tenait non pas la

main d'Emmeline, mais celle de madame de Weimar qui ne s'offensa pas de l'impolitesse de son adorateur, en le voyant reculer d'effroi.

— Monseigneur, dit-elle avec un sourire plein de malice, je compte sur votre discrétion ; mon mari a quatre-vingts ans, mais il est encore très-jaloux.

— Battu ! vous êtes battu, monsieur le maréchal ! s'écria Vanloo, qui ouvrit la porte du cabinet. Vos preuves ne valaient rien ; voici les miennes !

En même temps, il tendit à Maurice de Saxe un billet parfumé d'ambre, que celui-ci par-

courut en donnant les marques de la plus grande surprise :

« Je vous aime et je mets cet aveu sous la sauvegarde de votre honneur. Il n'est pas de véritable amour sans estime : aussi vous respecterez mes devoirs comme je les respecte moi-même. Travaillez, Carle! Je serai votre protectrice, votre amie, et le ciel permettra peut-être un jour que des liens plus doux nous unissent. Gardez précieusement mon souvenir, je garderai le votre.

« Emmeline. »

— Le bourgmestre et les membres du con-

seil de ville ! cria un domestique, ouvrant tout à coup la porte du salon.

Maurice de Saxe perdait la tête.

Vanloo s'empressa de faire disparaître madame de Weimar par l'escalier dérobé.

Le bourgmestre entrait, en grand costume, suivi d'une foule de magistrats.

— Monseigneur, dit-il à Maurice de Saxe, il n'est jamais trop tard pour annoncer une bonne nouvelle. Des courriers de Paris arrivent. En récompense de vos victoires, le roi vous nomme maréchal général et vous fait

présent du domaine de Chambord avec 40 mille livres de revenu. Voulant vous remercier à notre tour des services rendus à la Flandre, nous décidons qu'une statue vous sera élevée sur la place Saint-Michel, et qu'on suspendra votre portrait dans le grand salon de l'Hôtel-de-Ville. Carle Vanloo, recommandé par notre belle-sœur, est l'artiste choisi pour reproduire vos traits sur la toile. Nous voulons, monsieur le maréchal, que l'Europe entière sache quelle a été notre gratitude et quelle admiration nous professons pour votre valeur.

— Tout cela est fort beau, dit Maurice de Saxe, quand le bourgmestre et les magistrats

furent sortis; mais je n'en suis pas moins battu.

— Que voulez-vous, monseigneur, dit Carle, on ne peut pas toujours vaincre. J'oublierai, je vous le jure, en faisant votre portrait, la contenance que vous aviez tout à l'heure auprès de madame de Weimar, pour me rappeler seulement celle que je vous ai vue en face des Impériaux.

Maurice de Saxe pressa la main de son heureux rival.

Six mois plus tard, il l'appelait à Paris et le faisait nommer peintre du roi.

Le vieil époux d'Emmeline était mort.

Carles Vanloo fut un des rares artistes qui eurent à la fois gloire, richesse et bonheur.

FIN.